酒店培训艺术

周志宏　著

旅游教育出版社
·北　京·

前言

中国酒店企业的培训经理多数担当着双重职责——培训经理和企业内部培训师，既负责培训的日常行政管理，也做具体培训工作。《酒店培训艺术》正是适应这种需求，从酒店企业培训管理和具体培训工作的角度，全面阐述了酒店企业培训需求、培训计划的确定，培训课程的设计与实施。

《酒店培训艺术》是帮助读者从酒店培训的必然王国走向自由王国的最好读物。与目前图书市场中关于酒店培训方面的图书不同，本书的切入点并非是传统性的酒店培训设计和体系构建，而是重点阐述如何从思想上、方法上来思考酒店培训。因此，本书适合于那些"战斗"在以酒店业为代表的服务行业培训第一线的培训师所使用。本书特点如下：

• 内容实用全面，集最先进的国际酒店培训管理之大成，对酒店培训工作具有指导性，各酒店可根据具体情况直接予以应用。

• 强调国际酒店培训最先进的理念、技能和方法，如，培训范例章节选择了国际知名酒店的经典课程作为示范。

• 配有大量酒店实操过程中的案例，以加深对培训管理主体内容的理解和应用。

• 收录了部分世界500强企业、酒店领先企业及国内外先进企业的培训案例和技巧，具有极大的参考价值。

• 所收录的案例及培训技巧、方法和游戏，大多经过品诚酒店管理有限公司的培训试用，并经过内容的提升、可用性的升华才收录入本书。

• 作者根据多年酒店培训经验，在书中增加了许多实际案例和做法，以求与同行共享。

希望本书能够对酒店企业和教育界同人、同事们的工作有所帮助。与广大业内人士分享酒店培训管理知识与经验是作者最大的心愿。

在本书的写作和出版过程中，得到了很多个人及组织的帮助和支持。在这里，感谢我的夫人兰辉对我工作的支持，她以自己在外企的相关工作经验对本书的写作提出了许多宝贵的意见和建议；感谢我的同事陈晓磬小姐对本书构思、资料收集和书稿写作作出的辛勤努力和无私贡献；感谢品诚酒店管理有限公司为本书的写作提供了丰富的培训案例；感谢中南林业科技大学旅游学院（华天旅游酒店管理学院）和旅游教育出版社对本书出版给予的大力支持。

周志宏

2011 年 7 月于长沙

目 录

第二编　培训准备

第三编　培训设计

第四编　培训演示

引　言

在武汉某高星级酒店顺利做完培训后，我带上在车站处麦当劳买的套餐，于中午12点搭上了回长沙的高铁。在新的10年刚刚展现其曙光之际，身处中国最具时代性的体验，就是搭乘具有尖端科技水平的高铁列车从郊外的田野上呼啸而过；在列车上，一边品尝着热气腾腾的套餐，一边啜饮着果汁；同时透过宽大的玻璃窗饱览保留中国原汁原味的村野美景，甚至还可以观赏奔流不息的长江。这种体验可谓新旧事物的完美交融，有时我的一天就这样愉快地度过了。

我在嚼着可口的汉堡时，无意间发现过道旁的一位西装革履的男士。他正盯着面前一套PPT打印稿，满脸忧心忡忡。我注意到每页纸上印有两张幻灯片，每张幻灯片上都排有文本框，里面挤满了不同颜色的标注性文字。根本没有空余的地方。所有幻灯片上除公司的标识外，再没有其他图片了。其内容也是一成不变——标题下边插入文本框，输入要点，然后就是公司的标识了。伴随他的一脸严肃，如临大敌，口中絮絮叨叨、念念有词……这些细节表明，他，应该是我的同行——培训师。

他是否打算在培训现场演示这些幻灯片，让观众更直观地了解其想法呢？如果是的话，我对其听众深表同情。听众从什么时候开始有了边听边读的能耐了？即便他们能看清荧屏上列出的诸多要点，那又能怎样，培训效果就一定很好吗？多媒体课件难道仅仅是充当文档记录的一个载体吗？如果真是那样的话，我真要对培训者及听众深表同情了！要知道，课件绝不是记录文档的工具，且仅有要点和公司标识的PPT对于做一场优秀的培训来说是远远不够的。从这位同行在PPT打印稿中瞻前顾后的情况看，他显然是被那些模棱两可、晦涩难懂的内容搞得晕头转向了。

我想到了面前套餐里的丰盛食物。它们大小适量、制作精良，让人毫无半点多余、过剩的感觉。而对面则是一堆PPT打印稿，它们将整堂培训课打上了与自己同样的烙印：布局杂乱无章、内容晦涩难懂。呵呵，二者的对比是多么地强烈！现场演说时经常要使用含有商业和技术内容的 PPT 做演示，而它们的设计为何不能像在麦当劳出售的套餐那样清清楚楚、简明扼要呢？便当里囊括了适量的佳肴，同时搭配合理，令人赏心悦目。从套餐中体现出的是一种简约和均衡之美。不多不少、设计精湛，不矫揉造作，一切恰到好处，尝着更是美味可口。在吃汉堡套餐的那 30 分钟里，所能感受到的是精神上的满足和鼓舞。且问，你用这些幻灯片做培训时产生过类似的感受吗？如果有，那又是什么时候呢？

美味可口的汉堡套餐和培训课乍看毫不相干，然而就是不久前的这一幕，在时速高达每小时 300 公里的高铁列车上，我一下子悟出了二者的共同点。

我突然意识到有必要做些什么，使类似制作粗糙的幻灯片及内容干瘪的培训课销声匿迹。同时，我感到自己的确能在这个问题上出谋划策。无论在长沙还是中国其他城市，职场人士都会因每天接触到各种粗制滥造的幻灯片而困苦不堪。伴随那些幻灯片而来的，大多是枯燥乏味、效果甚微的各式各样的培训。我清楚地知道，或许我能尽一份绵薄之力，帮助人们以一种全新的方式审视培训，使培训者和听众间的交流变得更流畅、更有效。也就是在武广高铁列车从武汉驶往长沙的路上，我开始提笔创作此书，旨在和读者共同分享这些年与本人从事企业培训（尤以酒店业培训为主）相关的点点滴滴。

本书主体分为四编：培训介绍、培训准备、培训设计和培训演示。各编各章都进行了精心编排，力求做到原理和实例相辅相成。

在介绍培训的现况及其重要性之前，让我们先来看一下——酒店培训的科学原理。

第一编
培训介绍

第一章

酒店培训的科学

本章要点荟萃

- 一堂优秀的培训课应像麦当劳、肯德基的套餐那样，内容安排得当，高效、优美，毫无赘饰。培训内容的安排应力求简约、平衡并富有美感。
- 传统的 PPT 演示的培训方式已为公众所接受，但却收效甚微。问题不在于某个软件或技巧，而在于培训师所形成的不良习惯。软件确实有优劣之分，但用旧版本的 PowerPoint（或 Ketynote）同样可以辅之相成、锦上添花，使一堂培训课效果非凡。
- 培训准备、设计构思及培训的进行都需要创造力，而人人都有能力完成这一创造活动。
- 我们已认识到过去造成低效演说的种种不良习惯。改变这一现状，首先要做的就是要告别过去。

对酒店员工进行培训，是现代酒店人力资源管理的一项重要内容，是酒店“以人为本”思想的真正落实。随着科学技术的不断发展和人民生活水平的不断提高，酒店管理的事务越来越复杂，为了使酒店经营管理进一步科学化和规范化，还必须对酒店自身所使用的组织结构、技术技能、设施设备、人际关系等各种因素加以协调和均衡，让各个因素之间构成一个有机整体。这就要求酒店员工要不断提高自身的素质和能力以适应各种新变化和新情况，为达成上述目标，就必须对全体员工进行培训。

第1节 酒店培训与人力资本增值

一、酒店培训的含义

酒店培训，是指酒店及其有关部门根据酒店市场发展变化及酒店实际工作的需要，通过各种教导或经验的方式，在知识、技能、态度等方面对员工进行培养和训练的活动。它是一种标准化的学习过程。从广义上讲，酒店员工培训可以理解为人力资源开发的中心环节。其目的，是为了提高酒店员工知识水平和从业能力，以适应当前的岗位工作和未来发展的需要。

对于酒店培训含义的理解，应该注意把握如下几点：

首先，酒店培训是一项经常性的活动。

自我国推行对外开放政策以来，大批旧酒店迅速得到改造，中外合资的酒店和外商投资等各种投资形式的酒店在国内各大城市迅猛发展，一批设施设备一流、操作现代化，管理科学化的酒店，将我国酒店业推向了一个崭新的繁荣时期。同时使我国酒店业经营管理发展缓慢的落后状态发生了根本性的改变，酒店管理活动变得更加复杂，专业性和技术性的要求更高了。

如，酒店的服务、清洁作为一项知识化、专业化的工作，要求甚高。为客人提供快捷、高效的优质服务需要具有心理知识和语言技巧，具有业务知识和操作技巧，这样才能满足多层次的需要。同样，清洁工作也需要技巧和知识，也要有专业水平。因为它不仅包括清洁工作，同时也包括对设备的保养和正确使用。近年来，随着高科技和新技术在酒店中的不断应用，酒店的经营管理日趋复杂，酒店管理的专业知识和技术也在不断变化，酒店员工的专业知识和技术水平必须不断更新和充实才能满足需要。

其次，酒店培训是酒店的一项有计划、有组织的工作。

酒店员工要提高自己的知识水平和工作能力，可采用多种多样的学习方式和培训途径，可以是酒店有组织地进行，也可以是自己作出适当安排，而且要自觉地进行学习。但是，提高酒店各类员工专业能力和技术能力的主要目的，是要提高员工在酒店实际工作中的岗位能力及工作效率，促进个人与酒店的发展。酒店培训活动的进行不是盲目的。它需要由酒店的计划来进行指导。在酒店培训水平不断提高的今天,计划的重要性日益突出。酒店应该通过计划,有针对性地预先制定酒店培训活动的目标、方针和过程,制定达到酒店培训目标的方法和措施。培训要有组织,就是要作出合理安排,科学合理地动员组织、协调酒店的人、财、物去实现酒店培训的计划目标。这样才能确保达到提高酒店员工素质的目标。

再次,酒店培训是以岗位培训和技能训练为重点的一项活动。

酒店培训工作应随着酒店本身和外在环境的发展变化而不断进行改革。酒店员工培训工作是为酒店的市场竞争服务的,只有立足酒店的需要、市场的需要,才能真正提高员工的素质,促进酒店的发展。

酒店员工的岗位培训,是指员工在本职岗位上所接受的各种培训。其重点之一,就是对新产品、新技术和新制度的培训。如,酒店推出一款新菜式,从出品人员到管理人员,从餐厅服务员到销售人员,对该菜式的颜色、味道、配料、造型等都要接受培训,有所了解。技能训练,主要包括操作技能和人际交往技能训练两个方面。

目前,大多数酒店都非常重视员工的培训工作,并形成一套由酒店培训组织结构、培训需求分析、确定培训对象、拟订培训计划、培训实施、培训评估和反馈等组成的培训程序和制度。

二、酒店培训的性质

酒店培训是一种教育活动,属于成人教育。与学校教育相比,酒店培训具有知识的系统性、内容的规范性、手段的专门性等一般的教育特性。同时,根据酒店业是一种特殊的行业,出售的商品是空间、时间和服务的特点。一般而言,酒店培训有着自己的特性:

1.针对性

从价值取向来说,酒店员工培训以工作为中心。其目的,是使参加培训的员工通过学习掌握职业岗位所必需的知识、能力和技巧,来提高工作效率和工作质量。因此,酒店员工培训始终要注意结合现实的酒店发展情况,根据酒店管理工作的实际需要和各部门所需专业知识、业务技能不尽相同的实际情况适当安排。培训内容应围绕着培训目的而设置,即所谓需要什么学什么、缺什么补什么,注重针对性。

2. 应用性

从培训内容来说,酒店员工培训要体现知识的系统性,更要体现知识的应用性和实用性。要求员工培训工作专业对口,理论讲述和操作示范相结合,重在对工作实际的灵活掌握,而不是或主要不是为将来所需的知识和技能做储备。因此,培训一定要着眼于实际工作、着眼于知识和技能的可操作性,通过培训使员工将所学知识转化为现实的生产力,做到学以致用。

3. 灵活性

从受训形式来说,酒店员工培训应根据酒店各部门的不同工作内容及员工工作的复杂岗位层次来采取灵活多样的培训形式。酒店的工作特点决定了不同的培训对象,酒店员工培训的目的和内容决定着员工的培训形式。培训的方法既有全脱产培训、半脱产培训,也有不脱产培训;既有内部培训、外出培训,也有委托培训;培训的时间,既有中长期培训、短期培训;也有连续性培训和一次性培训。

4. 艰巨性

从培训的时间来说,酒店昼夜营业,员工轮班上岗。酒店员工培训要想在酒店正常运营的条件下进行,其培训实施难度大,培训任务也较艰巨。酒店培训一旦受到酒店业务经营的冲击,就会打乱原订培训计划甚至取消培训。因此,酒店在制订培训计划时,要具有一定的弹性,留有调整的余地,要充分考虑到由于酒店主客观因素引起的培训变化。在培训实施过程中也要尽量准备各种应急与应变的措施。

三、培训对酒店的益处

酒店的一切活动均围绕酒店产品进行。从酒店的本质上讲,酒店的主要产品是服务。为宾客提供服务,以满足宾客多方面、多层次的消费需求是酒店的核心和本质。员工在对客服务过程中,客房床单上有污渍,或在餐饮服务中,上错菜,不善于观察客人的表情和心理变化,都会引起客人的不满,甚至会永远失去宾客。因此,无论是酒店什么岗位、什么工种的员工,都应该懂得如何做才能创造酒店优质的产品和服务,才能提高酒店产品和服务的附加值。酒店产品的这一特性要求,使得酒店必须对员工进行认真选择、培训和调配,以加强他们的服务意识和服务技能。

培训是酒店保持和提高人力资本的有效性,适应酒店业发展与竞争需要的重要途径。酒店人力资本是凝结在员工身上的知识、技能和体力等存量的总和。酒店培训是一种重要的资本形式。酒店员工接受了教育就会拥有这种资本,而拥有了这种资本才能具有使人力资本增值的前提。其目的,就是为了提高员工的素质。酒店只有重视了培训投资,才能不断提高酒店的劳动生产率,获得更多的经济效益。

自20世纪90年代以来,世界经济的发展、科技成果的不断涌现和现代管理方法的层出不穷,对酒店管理的发展产生了相当大的影响,重点表现在设施设备不断更新及计算机技术、网络信息技术和现代酒店管理理论的应用等方面。对客服务已不是简单的劳动力支出,这就要求酒店员工既要掌握先进的物质技术设备,又必须对客人的心理特点和心理需求有较透彻的了解,有针对性地提高服务质量。因此,提升酒店员工的专业技能,改变员工的工作态度和工作行为等,就成为酒店业生存与发展的关键所在。

通过培训使企业人才资本增值,使企业与员工处于一个双赢的局面,既有益于员工、管理者,也有益于顾客及企业的发展。培训对员工、管理者、顾客与企业的益处,见表1-1。

表1-1 培训的益处

受益对象	培训益处
员工	• 帮助员工提高业务知识和岗位技能 • 增强员工自信心 • 减少紧张与压力 • 提高员工士气 • 提高员工对企业的满意度 • 提高员工工作效率 • 避免被淘汰的风险 • 增强未来求职的竞争力,增强学习能力
管理者	• 经过培训的员工所需要的管理成本较低 • 经过培训的员工能独立工作 • 经过培训的员工能及时发现问题,处理问题、将问题消灭在萌芽状态 • 经过培训的员工流动率低 • 经过培训,企业团队建设加强 • 经过培训,管理人员更加受尊敬,领导工作更出色

续表

受益对象	培训益处
顾客	• 享受优质的产品 • 享受优质的服务 • 物有所值 • 愉快的经历 • 增强对该企业、品牌和产品的忠诚度 • 增强对该企业和品牌的信任度
对企业	• 提高员工的整体素质，提高劳动生产率 • 降低成本，提高效益 • 良好的社会形象 • 员工稳定 • 吸引潜在员工与顾客 • 提升企业竞争力 • 是高回报的投资

第2节　酒店培训科学原理

社会学习理论，又称模仿理论，是美国社会心理学家班杜拉(A. Bandura)提出的。他认为，人是通过观察榜样行为而学会新的行为的。

人的学习主要受到信息处理和行为结果的反馈这两个相互联系的系统调节。第一个系统是外界的刺激物(信息处理调节)。其中，最主要的是别人的“榜样行为”作用。第二个系统，是行为结果的反馈。如果受训者的行为结果受到奖励，这种行为就会相对持久和加强，反之，则具有放弃这种行为的倾向。

因此，酒店为了有效地制订与实施培训计划，使受训者在知识、技能、态度和行为等方面有相对持久的进步，就必须对培训的目标驱动、榜样示范、事实材料、实践操作、信息反馈和效果阶段性变化等六个方面的基本原理具有充分和深入的认识。

一、目标驱动

酒店培训安排中，要想把受训者被动的"需要学"变为主动的"想要学"，就必须为受训的员工设立合理的、有一定难度的培训目标。一般情况下，一个人不会因某人说要学习，就去学习，只有当员工在参加培训前内心产生了掌握新技术、学习新知识的强烈愿望时，也就是只有把培训目标与参加培训对象的需求和工作结合在一起时，培训才有成效。

他们也往往注意培训效果与改进自己工作中的行为及结果的联系，想知道通过培训后对自己有哪方面的好处，是否有利于自己工作任务的完成和职业的发展？只有学员感到自己需要学习，并相信只有通过培训才能学到所需的技术和知识，他们的学习态度与效果才会更好。

培训目标不仅影响学员学习的自觉性，也影响培训师的期望。培训师对学员的期望越高，学员的表现也越好；反之，期望越低，学员的表现也越差。

二、榜样示范

在员工培训中树立榜样行为，是以他人的职业意识、模范行为和卓越表现来影响学员培训的方法。如果由于榜样人物的观点和行为规范具体化而得到奖励，如，酒店高层亲自授予"酒店优秀员工"证书或晋职等，对员工来说是具有极大感染力和吸引力的。它能给员工以正确方向和巨大的力量，引导他们效仿榜样的观点和行为。

运用榜样示范要与讲解、讨论等方式结合起来。首先，使学员深刻了解榜样的先进行为和个性，知道向榜样学什么，进而明确为什么学和怎样学，引导学员把认识与实际统一起来，落实到行动中，从易到难，重复进行。

三、事实材料

事实材料，通常是与酒店工作中实际遇到或者觉察到的问题相关联的。它是以一些学员熟悉的、有用和有趣的事例和概念作为培训的讲授内容，如，本酒店员工亲自经历和遭遇的有培训教育意义的案例等，这样可以使培训的内容变得鲜明和生动。在这种情况下，学员会感到培训轻松愉快，也愿意开动脑筋、积极思考。此外，培训师在讲解案例材料时，须注意深浅程度适宜，综合运用举例、说明、描述等多种受训员工熟悉的表述方法。

四、实践操作

传统的培训方法是老师讲得多，而学员练得少，培训如同上课，虽是培训成本不高，但仅依靠简单的讲授，受训者围绕培训教师转，培训形式单调、培训效果不佳。而现代培训，则重视员工亲自参与实践，并且培训内容全面、形式灵活。“实践出真知”，员工只有通过亲自参与实践和操作，才能在实践中体会培训所学的内容和要领，通过学员的练习，不断重复所学的知识，才能从实际操作中提高学员在短时间内掌握新知识的可能性和成功率。虽然这种做法会增加培训成本，但却是确保学员真正掌握所学内容所需要的。

在培训开始阶段，培训师就要对受训者的实践和操作进行培训监督，并及时纠正培训与实际工作中存在的偏差。同时，在培训中要为学员提供实践的机会，这样可以使他们在较轻的工作心理压力下掌握所学知识，以达到培训目标，同时也避免了他们由于技能达不到岗位要求而不能胜任工作。此时受训员工的能力增长速度较快，基本可以实现从培训到上岗工作的角色转换。

实践证明，缺乏训练和练习的培训，学员会在 6 小时内忘记所学内容的 1/4；24 小时之内忘记 1/3；在 6 星期内忘记 90% 以上。

五、信息反馈

培训过程中，企业必须对培训效果提供信息反馈。反馈的作用就是要使受训者重新认识自己的行为，及时纠正错误和偏差，帮助员工进步。如员工没有得到培训效果的反馈，就不清楚自己行为所产生的后果，也就无法发展和进步。因此，他们需要其他人，尤其是培训管理人员对他们在培训过程中给予一定的反馈意见，从而不断提高自己的工作水平。

反馈的目的性，应该是告诉受训者在何时何地以何种正确的方式完成何种工作。这将有助于增强培训双方的良好关系。反馈，首先是培训师给受训者的信息要及时，并力求准确，以使学员能够自行调整和认识自己的行为。同时，信息反馈要与培训的奖惩强化结合起来，在培训过程中或培训结束后，对受训人员要有奖励强化或惩罚强化。

六、效果阶段性变化

在培训过程中，因不同员工在知识结构、文化程度和性格特征、智商等方面存在着较大的差异,因此,培训效果也有所区别。但根据心理学的研究和实践,员工在整个学习过程中具有一定的相似之处,学习效果有着明显的阶段性变化。

受训者在实践的初期,由于学习热情被调动起来,内心充满了强烈的学习愿望。他们积极思考,认真主动地学习新知识和新技术。因此,受训者进步明显,学习效果好。但当员工对所学知识有了初步认识和了解之后,学习兴趣和热情会下降,学习效果就会停滞不前,但之后,学习效果还是会呈上升状态。因此,在培训过程中,我们要充分认识受训者在各阶段的变化,特别是在停滞不前阶段,更要注意调整培训内容、改变培训方法和技巧来克服员工学习的心理障碍。

第3节 酒店培训系统

为确保酒店开展的培训活动取得长久的成效,使酒店培训工作服务于提高管理水平和服务质量,提高顾客的满意度,避免从时间、费用与精力等各方面造成培训成本的流失和浪费,保持酒店稳定的工作绩效。因此,我们必须建立一套长期稳定、持续性强的系统方法。

酒店培训的每一个基本要素都不是孤立的。它既在自己的系统之内,又与其他系统发生各种形式的联系。一个完整、有效的培训系统,应是符合酒店总的经营目标和方针的,同时也必须得到其他酒店管理系统的支持。只有这样,才能使培训真正获得员工个人、酒店工作及酒店效益三方面都满意的成效。

一、酒店培训系统的要素

酒店培训系统的要素,主要有酒店培训需求分析、拟订培训计划、实施培训计划及培训的评估和反馈四个组成部分。各要素之间存在着特定的关系,相互制约和影响,从而使整个培训系统具有一定的结构和功能。

1. 培训需求分析

培训需求分析,是由提问、回答、澄清与记录工作运行中存在的一系列问题所组成的系统过程。它主要包括:工作分析法、任务分析法和自我分析法。培训需求分析是整个培训系统的一个起点,也是最为关键的要素。

培训工作应以每个不同的培训对象为导向,通过事先分析这些新员工是否有工作经验;员工是否具备工作岗位所需的知识和技能,他们具有哪些知识和技能,缺少哪些知识和技能;员工是否知道应该怎样做好岗位工作;员工是否了解岗位工作的标准;员工完成新的工作任务需要哪些知识和技能等。还要看工作内容、工作环境是否发生显著变化,如,前厅计算机化、餐厅菜单更换、客房铺床工作程序改革等。我们必须使培训对这种环境变化作出相应的灵活反应。

有了准确的需求分析,我们就可以拟定培训的目标和重点了。例如,一位新的餐厅服务员应该知道如何使用托盘、折花、斟酒、摆台、上菜分菜、推销酒水及结账等基本知识和技能。他(她)可能已经知道怎样摆台、怎样上菜、推销酒水及结账。因此,有针对的培训就应侧重于他(她)所不知道的部分,其已经掌握的知识和技能,则应把培训重点放在工作标准和工作效率上。

因此,制定这个餐厅服务员的培训目标,应该是在10分钟内准确地完成6个人一桌的点菜工作。要达到这个目标,他(她)需要进行4个小时的课堂理论学习、3天的岗前演练、一周的实习。

2. 拟定培训计划

分析了培训需求后,便可提出一整套培训资源、培训方案及培训课程的培训计划。培训计划,是按照一定逻辑顺序排列的、记录选择培训资源、培训方案及培训课程的最优方案。它实际上是对课程所需资源的列表,是对课程进度、目标、内容、方法及学习效果评估等作出的规定或建议,以保证培训课程的有效实施。

培训计划应该包含以下内容:

(1)培训项目名称。

(2)明确的培训目标。

(3)培训持续期限及课程时间。

(4)培训的人数、学员的类型。

(5)培训的方式和技巧。

(6)培训课程的内容及难点、重点。

(7)培训所需的资源(师资、场地、物品和经费等)。

(8)学员的活动安排。

另外,还须考虑有关培训质量的评价方法、培训与业务工作的关系、酒店业技术发展水平与趋势等。而最关键的因素,是酒店高层对管理价值观与培训重要性的认识。培训师只要将上述事项综合考虑即可制订出详细的培训计划。

一份培训计划,对于培训师来说就是一份培训项目的明细清单,能够提前检查程序和步骤是否正确；各部分内容衔接是否紧凑；受训者对培训方式是否能够接受等。

3. **实施培训计划**

实施培训计划的培训部门和管理者，与酒店的规模和组织结构有关。大中型酒店应下设强有力的专门负责培训的组织机构与人员。组织机构，一般建有培训部或培训中心，甚至学校。培训人员，主要包括负责组织培训的中层管理干部和培训师，以及专门负责酒店部门培训的兼职培训员等。

培训部门及其人员的主要职责如下：

(1)培训需求分析和调查。

(2)制订培训工作计划。

(3)执行、检查和督导培训计划的实施。

(4)培训师的资格认定与管理。

(5)收集、翻译、编写培训资料和教材。

(6)各种教学设施的安排与管理。

(7)组织好对外培训。

(8)执行和评估各个培训项目。

4. **培训的评估和反馈**

在进入培训实施阶段之后，培训部门必须注意追踪和监测培训实施的情况，要根据反馈信息不断地对培训计划进行调节。

为此，应建立一种灵活有效的培训评估和反馈机制：制定培训追踪和监测制度。所谓培训追踪和监测制度，就是对培训的实施情况进行经常性评价、监督、检查、调节的制度。建立这样一种制度，旨在帮助培训部门及时发现培训的差错和失误，尽早地进行调整修改；对于培训效果的反馈信息进行有效调节，除须有关部门主动对培训执行情况进行追踪和监测外，还须沟通各种反馈信息渠道，以确保能够将培训计划的执行情况及时地反馈给培训机构。

通过培训评估和反馈机制，验证培训的效果是否达到了预期的培训期望，完善培训管理，促使培训活动规范化、科学化；也为培训需求分析、拟订培训计划、实施培训计划与管理提供了具有科学价值的反馈信息，为改进培训系统与效果提供可靠的依据。宣传培训成果，促进酒店各级管理层对培训的重视和支持，以形成良好的培训环境。

二、酒店培训部的职能要求

1. 酒店培训机构的设置模式

培训机构的设置通常受两个因素的影响:其一,是酒店规模的大小。规模大、工种杂、员工数量多的企业培训任务较重,培训机构相应较独立、完整,规模小的企业则相反。其二,是培训工作在酒店中的地位和作用。员工培训越受酒店决策层的重视,培训机构越完善。目前,酒店业培训机构的设置主要有三种模式。

(1)小型酒店培训机构的设置模式。在小型酒店中,由于员工数量不多,经营项目较为单一,一般不设置专门的培训机构,培训工作通常是分配给各部门主管的一项职责。小型酒店培训机构的设置模式,如图 1－1 所示。

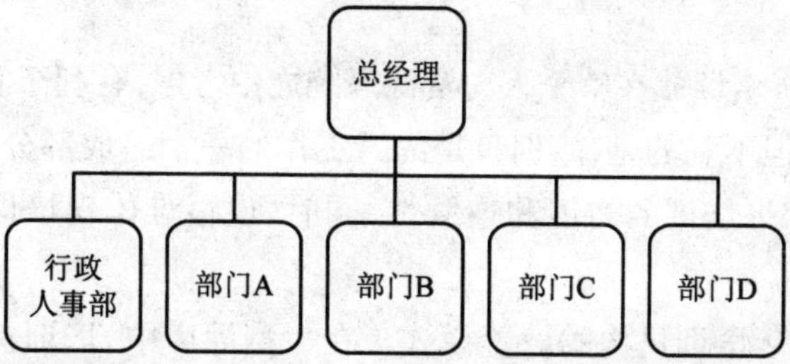

图 1－1 小型酒店的培训机构设置模式

在这一模式下,行政人事部负责人既负责酒店的行政和人力资源事务,同时还要为员工培训提供指导并承担部分培训工作。至于各岗位的技能和业务培训,则由各部门的主管兼任。这种模式有利于酒店充分利用人力资源,可达到精简机构、减少人手的目的;同时,由于各部门主管承担了部门各岗位技能培训的职责,有利于提升主管的综合素质。但是,这一模式不利于酒店形成系统、标准的培训体系,各部门之间由于标准不统一,容易造成酒店服务和管理体系的混乱。

(2)中型酒店培训机构的设置模式。在中型酒店中,培训机构通常设置于酒店人力资源部之下,培训被看做人力资源部的一项职能而存在。这种模式是目前大多数中型酒店所采用的一种方式。中型酒店培训机构的设置模式,如图 1－2 所示。

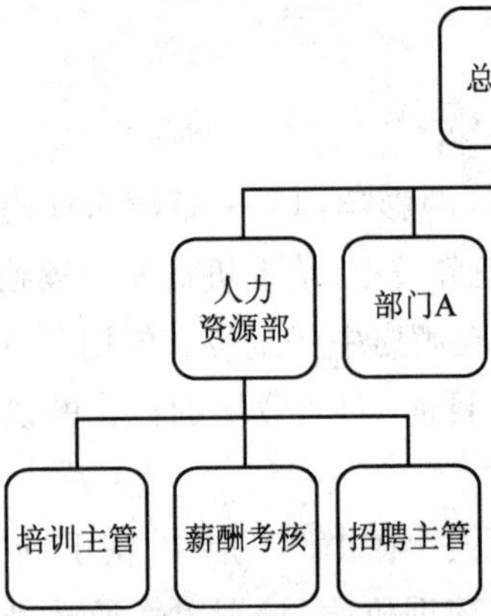

图1－2　中型酒店的培训机构设置模式

这种模式将培训放在整个人力资源系统之中考虑，有利于酒店形成一个统一的培训计划；但不利的是，培训只是部门工作的一个组成部分，在遇到其他工作影响时很难保证培训的力度和连续性，同时，也很难体现培训在企业中的战略地位。

(3)大型酒店培训机构的设置模式。在大型酒店中，培训机构与人事部在企业内部处于同一层次，成了密切协作的两个部门。大型酒店培训机构的设置模式，如图1－3所示。

在这种模式下，培训部独立进行酒店培训计划的制订、实施、评估等工作。这一模式有利于部门更好地开展培训工作，有利于酒店创建适合的、标准的、协调的培训体系，有利于充分利用酒店拥有的培训资源。但是，这种模式依然需要各部门对培训工作的配合，才能真正发挥培训在信息支持、人才培养、技术帮助等方面的作用。

2. 酒店培训部职能

培训部作为酒店企业的一个职能部门，肩负着组织、推动企业各项培训资源进行整合共享，为各部门的培训开发工作提供支持和服务，提升员工的整体素质，为企业可持续发展提供保障的使命。

(1) 培训部职责：

● 规范和指导企业各部门的培训工作。

● 通过建立相应的培训制度和工作流程，对企业各部门的培训流程、培训

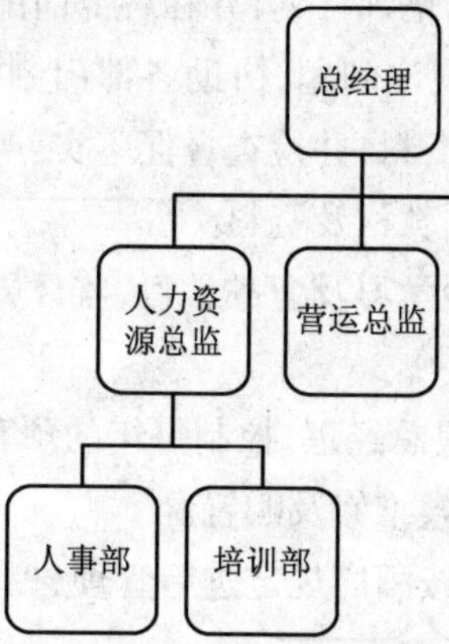

图1－3　大型酒店的培训机构设置模式

制度、培训教材的积累整合和培训师培养等方面进行规范。

• 对各部门在培训规划和培训实施方面所提出的问题进行指导。

• 整合企业各项培训资源，对企业各部门在培训课程制定、教材编写、师资队伍建设、培训经费等方面进行资源共享，实现企业培训资源使用效率的最大化。

• 为企业各部门提供培训支援，包括教学设备、教材、师资力量、课程信息等支援。

• 培养和提升各部门管理人员技能，培训部通过对各部门管理人员培训需求所进行的调查分析后，设置相应的课程对管理人员进行培训，并对培训的结果进行分析和跟踪。

• 收集、分析社会与企业的各项培训资讯。通过对社会与企业各项培训资讯的收集和分析，为培训课程的设置和引进做准备。

• 共同性培训教材的整合与编定。

• 对各部门培训实施情况的督导、跟踪及考核。

• 配合人力资源部进行人力资源发展的研究工作。

• 各项培训计划费用预算的拟订和控制。

(2)培训部经理的职责：

• 按照酒店经营管理的方针政策，负责计划、组织、检查及督促各项培训工作。

• 负责制订各个不同时期的培训计划，并在各部门配合下组织实施。

• 结合酒店各部门存在的突出问题，协助各部门制订经常性的培训计划，提供教学设备、教室和教学参考资料，并检查督促落实。

• 组织编写、翻译、审校培训教材及资料。

• 组织本部门员工进行政治学习及业务学习，监督员工执行《员工守则》并评核员工的工作态度及表现。

• 编制"年度培训预算"呈报总经理，控制每年的预算支出。

• 安排教学仪器设备的保养、维修及购置。

• 对酒店外派学习的员工，按酒店规定进行管理；控制、审核员工申请。

• 报销业余学习的学费。

• 组织定期召开酒店培训沟通会，不断将培训信息和酒店服务质量信息及时反馈给主管领导及相关各部门。

• 搜集国内外有关酒店管理、培训的图书、资料及教材，供有关部门参考使用。

• 负责组织酒店内劳动竞赛、岗位技能比赛、服务等级考核等活动。

• 健全酒店员工培训档案。

• 检查、督导各部门的培训工作，与各部门保持密切联系并及时提出培训建议。

(3)培训部教师的职责：

• 协助经理组织举办各种培训班，包括草拟计划、选用教材、聘请师资、组织上课、审阅试题、批改试卷和总结培训情况等。

• 经常深入部门了解培训情况，提出可行性建议，促进部门培训工作。

• 负责新招员工的面试，批改试卷及录用工作。

• 组织员工业务考核。负责出试题、批改试卷及有关口试等工作。

• 编写结合酒店实际的英语教材。

第4节　现代酒店培训的发展趋势

目前，随着工业社会向信息社会的发展，国际上的大公司、大企业，包括国际酒店管理集团对员工的培训都十分重视，把员工培训作为企业的一项战略任务,自觉地将其纳入企业的经营管理之中,作为人力资源开发的核心。顺应这个潮流,我国酒店企业的培训在机制、内容、手段等各方面也都有了较大幅度的提升,并出现了新的发展趋势。

一、企业和员工越来越重视培训

进入21世纪,企业和员工均越来越重视培训工作。培训在企业中的地位也从企业的边缘走向企业的中心。众多的企业认识到培训作为人力资源开发的重要手段,是企业荣辱兴衰的关键,培训经费的支出比例也在逐年增长。一方面,企业通过提供培训课程、学费资助等多种形式来支持员工积极参加培训,以帮助员工更好地实现自身的职业生涯发展;另一方面,员工也意识到,随着知识的更新和社会的发展,传统的工作岗位在不断地减少甚至是消失,而更多的新型工作岗位又在不断地涌现出来。企业员工为了规避被淘汰的风险,只有积极提高、更新知识和技能才能适应社会的发展。在这种社会大背景下,员工的学习积极性和主动性大大提高了。

二、培训内容更注重实用性

未来的社会是协作性的社会,以合作求竞争才能达到利益的最大化。在这种情况下,只有掌握了多种技能的员工才能在现代企业的工作中如鱼得水,在日益激烈的竞争中求得生存和发展。传统的企业培训以书本内容为主,重视理论知识,主要采取课堂集中讲授的方式。但是,在市场瞬息万变的今天,低效率的这种培训方式已不能适应企业发展对人才的需求,无论是考虑经济效益,还是培训效果,培训机构都不能再维持这种内容单一、陈旧、针对性不强的培训了,而必须对培训内容进行全新的设计,根据企业和参培人员的实际需要作出相应改革,减少理论性内容,加大实用性知识和技能,以跟上企业发展的步伐,使接受培训的员工尽快熟悉和掌握企业急需的知识和技能。此外,培训的实用性还意味着提供与企业行为相关的培训。例如,对企业职工进行心理知识培训、组织行为培训、公共关系培训等;增加包括企业文化定位、有效沟通、领导艺术及挖掘员工潜能方面的课程。这些培训内容虽然不是酒店业务知识,但却对如何组织好企业生产经营、发挥员工积极性和开拓市场起着十分重要的作用。另一方面,更加实用性的内容还意味着提供针对性强的个性化服务。酒店各部门的情况是多元化的,不同部门面对的问题各不相同,这就对酒店培训机构提出了个性化的培训要求。

三、培训手段的现代化

随着科学技术的不断发展,现代酒店员工培训的手段也随之多样化,尤其是网络技术、卫星传导技术、多媒体系统的发展,使得培训方式发生革命性变化。过去,由于受条件限制,酒店培训往往只能采取课堂集中授课,“粉笔+黑板”的方式。这种纯灌输式的培训模式呆板陈旧、手段单一,培训效果较为形式化;而且,经常让员工脱岗培训成本较高,假如是班后进行培训,培训效果往往又会受到员工身体和精神状态的影响。因此,为提高培训效率和质量,越来越多的企业采取了多元化的、因地制宜的现代化培训方式。比如,有些企业通过建立远程教育体系,让学员可通过电脑自我学习、自我掌握进度并可随时向老师提问。这种借助现代化的教育手段,为企业员工提供更方便、更及时、更有效的培训,实现了一种更加人性化的教学方法,从而提高了企业培训质量。与此同时,网络的运用,也使得培训从“以教师为中心”转化为“以学员为中心”。

四、培训方法的多样化

现代的培训方法是多种多样的,既有讲授又有游戏,既有角色扮演又有小组讨论,既有案例分析又有体验式培训,既有学历培训模式又有模块培训模式,此外,还有以项目为主导的情景训练方法等。在学习过程中培训师经常穿插使用各种培训方法。小组讨论法,可使学员之间相互交流沟通;案例分析法,能更好地启发学员进行深层次的思考;游戏法,可使学员在“玩耍”中领悟培训内容的含义;角色扮演法,使学员设身处地地从顾客角度着眼体会顾客的感受;项目训练法,则能更好地启发学员的创造能力。培训师让每位学员都参与其中,亲自动手、畅所欲言,给每位学员一个自我表现的机会。多种多样的培训方法一方面极大地调动了员工的积极性和主动性;另一方面,加深了员工对培训内容的理解和掌握。这些培训方法较以往被动式的培训方法更为科学、更为有效,大大地提高了培训质量。

五、培训自主化和社会化的结合

企业培训作为教育的一个层面,一方面,其发展前景及其不断市场化的特点也被国内外大型企业和培训机构瞄准。近几年,许多外资培训机构大量涌入国内,国内的专业培训机构也在不断增加。这些培训组织师资力量雄厚、课程安排灵活,内容丰富、服务到位,较好地满足了众多由于自身资源不足而产生的培训需求。另一方面,一些有远见、有实力的企业通过建立自己的管理学院和各级培训部门,全面提高员工素质,从而使企业能够更好地适应现代化发展的需要。目前,这种自主化的培训模式仍是当今企业培训的主流。据统计,国外企业62%的培训是在企业内部进行;33%的培训由社会各类学校和培训机构承担;而小型公司则趋于把培训工作外包给专职的培训公司或管理顾问机构。

六、将培训视为风险投资

培训投资也和其他风险投资一样,既有丰厚的收益诱惑,又伴随着承担巨大风险的可能。酒店只有把培训作为投资并能体味到其收益的甘醇时,才会愿意承担其风险。酒店的员工培训才能得到有力的资金支撑和组织支持。遗憾的是,一些管理者错误地认为,新员工只要随着时间推移,会自动地逐步适应而胜任工作,不需要在培训上作无益或者作用不大的投入。因此,一些企业忽视对新员工的培训。80%的酒店没有对新员工进行必要的培训就立即分配到正式岗位上去。以后员工的成功与否,基本上取决于员工本身的适应能力和所处的小环境。企业不进行新员工培训,往往使新员工在较长时间内业绩不佳,缺勤率和离职率居高不下。对由于缺少培训所造成的效益损失,企业或者没有觉察,或者归咎于"工作经验"原因。

其实,就单个酒店而言,培训后的人员流出是一种风险损失,原因在于目前尚未形成一种人力资源个体的概念。培训的形式、内容、手段无不紧紧围绕着酒店的经营目标。其终极目的,是提高员工为本酒店工作的绩效。如果培训在全社会形成一种风气,一种必经的环节,那么,在不同酒店接受过培训的员工个体,都会得到整体素质的提高。这样,某酒店的培训人员流出,对该酒店而言是成本外溢,而对其他酒店而言,则是资源共享。如果每个酒店都视个体培训为自己的责任,都能身体力行地开展旨在提高员工绩效的培训,那么,外溢成本就成了公共人力资源。这是一种大度、一种超然卓识、一种企业家应具备的素质,也是一种理念的革命。

第二章

培训是科学，也是艺术

本章要点荟萃

- 在“概念时代”，优秀的培训师须具备“全面思考”的技能，同时征服听众的理智（“左脑”）和情感（“右脑”）。
- 在多媒体辅助下的培训好比是讲故事，与纪实电影和漫画有着更多的相通之处。如今培训必须依靠幻灯片及其他适当的多媒体的辅助。
- 在准备培训时要发挥约束的作用，并坚持做到：清晰、精练和幽默。

本书是一本关于交流方面的书，是一本以全新的、与时俱进的方式看待培训的书。经验告诉我们，当前商业和学术领域的诸多培训对于培训者和受训者来说，在一定程度上是一种“折磨”。倘若我们寄望于在与人交流中表现得更清晰、更幽默、更优美，且更智慧的话，我们必须跳出所谓的“标准”和“传统思维”的框架，寻求与众不同、效果更出众的思维方法。

自2300多年前亚里士多德时代以来，事物的本质从许多方面来看很少发生过改变。从卡耐基在20世纪30年代作出的判断来看亦是如此。可是，有些看似简单的培训规则，人们却未必知晓。我们应该对传统培训思想提出质疑，并鼓励那些不断突破自我，希望自己的培训更加赏心悦目、臻于完美的培训师们能够接受一种新的思路，去看待培训的准备、设计及终极的呈现。

一堂精彩的培训课不同于一篇撰写精良的演说稿，若偏要将二者生硬地结合在一起，只会造成两败俱伤的后果。人们早就意识到，在培训时，课件演示内容与口头所述信息完全一致非但不起作用，反而会影响信息的传递。令人惋惜的是，如今培训者对多媒体的辅助利用大多取中庸态度，但这又恰恰为我们创造了展示个人、脱颖而出的机会。如今的培训标准还不算高。因此，每一小步的改进和提高都会使培训变得与众不同，从而脱颖而出。

第1节 全新的培训方式——高概念、高感性

在我们讨论培训为何要丰富成为兼具艺术的科学之前，不妨来看看今天所处的环境及时代变化对培训及培训师提出的相应要求。

让我们把过去的150年想象成一个三幕剧。

第一幕，是工业时代。大量的工厂和生产流水线极大地促进了经济发展。这一幕中的主要角色是庞大的生产工人队伍，特征是强劳动力，意志坚韧。

第二幕，是信息时代。美国和其他各国正在经历这个时代。第一幕的大量生产的场景渐褪成背景，信息和知识成为发达国家的经济动力。这一幕中的主要角色是知识工作者，特征是擅长左脑思维。

如今，随着物质丰富、外包风潮和自动化的影响日益加深，第三幕正缓缓拉开帷幕，即将上演。

第三幕是概念时代。主要角色是创作者和共情能力者，特征是擅长右脑思维。

让我们用图2-1来说明这个进步。

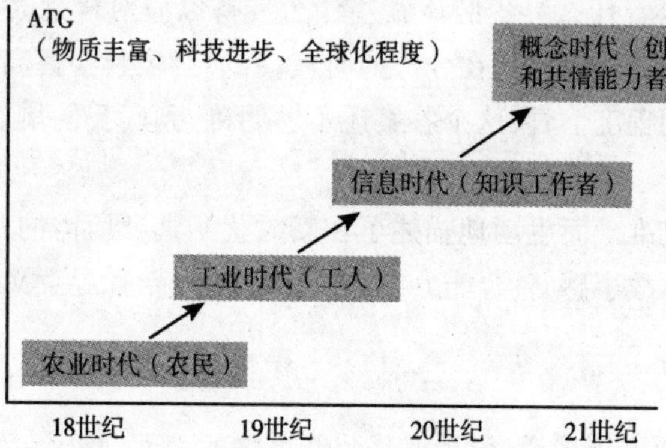

图2-1 从农业时代到概念时代

图2－1包括了工业时代的前身——农业时代。横轴表示时间，纵轴表示物质丰富、科技进步、全球化程度（简写为ATG）。当人们越来越富裕、技术越来越进步、世界联系越发紧密的时候，这三个要素便密切地联系成为一股推进力，推动社会进入一个新的时代。它解释了我们如何从农业时代进步到工业时代，再进入信息时代。现在，这个模式揭示的是我们如何受三要素合力的推进，而进入概念时代（富裕是西方生活的显著特征、技术进步体现为自动化设备已经解放了许多种白领工作、亚洲外包风潮兴起是全球化经济的结果）。

简而言之，我们从农业社会进步到工业社会，再进步到信息社会。现在我们又将进步到一个创新型社会，即创造者和共情能力者的社会，模式识别者和创造意义者的社会。丹尼尔·平克将之称其为“概念时代”。其中以“高概念”和“高感性”两种感知为主导。“高概念”，涉及创造艺术和情感美的能力、发现格调和机遇的能力、构思令人满意的故事的能力；“高感性”，涉及共情感知的能力、洞悉人际交往精妙之处的能力、探寻内心愉悦并帮助别人找到这种愉悦的能力，以及跳出日常琐事追寻目的和意义的能力。

近一个世纪以来，社会被一种过于简单、重分析的思维模式和生活方式所统治，使得这个时代到处都是“知识工作人”，但是今天，情况整个发生了变化。未来将属于那些拥有与众不同的思维的人。如，设计师、发明家、教师（培训师）等惯用“右脑”思考问题的“知识整合者”，他们想象力丰富，善于观察趋势，而这些恰恰是个人在概念时代能否取得进步和成功的关键。

这对你我意味着什么？我们该做些什么准备以应对概念时代的挑战呢？从某种程度上说，答案很简单，在今天的时代，我们必须具备握高概念、高感性的能力。但从不同程度上看，这个答案还不够明确，到底我们培训师应该怎么做呢？

丹尼尔·平克准确而生动地描述了在新时代培训师所需的六种基本而特殊的能力：设计感、故事感、整合能力、共情能力、幽默感、探寻意义。

一、设计感

对于许多商业人士来说，设计就是装饰事物的表面，好比在蛋糕外面裹上的一层糖衣。此种设计固然重要，但绝非关键所在。在我看来，与其说那是设计，不如说是“装饰”。装饰，无论好、坏、优、劣，都是显而易见的。有的装饰让人赏心悦目，而有的则让人心生厌恶。但不管怎样，装饰是实实在在地存在的。

然而，真正的设计则让人不易察觉，比如，书本封面的设计、机场指示牌的设计等(优秀的设计让我们对指示牌上的信息一目了然，而吸引我们的并非是配色、排版或概念等)。

一个人要想获得职业上的成功和满足感，其必备的一种基本能力就是设计。原因有三:第一，随着物质日益丰富和先进科技的普及，设计日渐为人们所熟悉，越来越多的人参与到设计活动中去，成为设计的业内人士。第二，在物质极大丰富的年代，设计对现代商业变得至关重要，因为通过设计，可以做到与众不同。第三，越来越多的人具有了设计感。人们越来越有可能达到设计的终极目标——改变世界。

设计始于培训之首，而非末尾，否则再好的点子也会黯然失色。设计应始于培训师开启电脑之前的准备课件阶段。在准备阶段，一定要平心静气，集中考虑所要培训的主题、目标、关键词及针对的听众人群等问题。只有那样才能设计出令人心怡的培训课程。

二、故事感

故事感，和设计感一样是人类与生俱来不可分割的一种能力。我们远古时代缠腰带、穿兽皮的祖先，拿着燧石在岩壁上刻画，可算是最早的设计师了。当夜幕降临，他们回到家中，也许就围坐在篝火旁，互相讲述着一天里所发生的故事，如，虎口逃生啦、翻新居住的洞穴啦，等等。他们的右脑和我们的一样，有一个天生的“故事文法”，帮助他们以经历过的事情，而不是以一系列逻辑命题的方式去理解世界。他们通过讲的方式来表述自己的经历和想象并与他人沟通。

尽管故事感很重要，是我们思考的关键，但不知从何时起，“故事”变得等同于虚幻，甚至被称做谎言了。于是，为严肃人士所不屑的故事及其叙述，便淡出商界和学术界。故事用来娱乐，事实才能说明问题;故事用来消遣，事实用来揭示;故事用来掩盖，而事实才是真相。这种观点具有双重危害。一方面，它与人们实际的思维方式背道而驰，另一方面，在概念时代，低估故事感的重要性，会使我们的职业生涯和个人生活面临危机。

人们获得事实、信息或数据的途径很多，如，网络、邮电或寄送。与过去相比，如今信息公开了，随处随时获得数据及“事实”是件太轻而易举的事了。如果你想找出外包流失的工资总额只要在搜索引擎上(Google)敲上几个字，按回车，几秒钟后就可以在屏幕上看到答案。今天轻松平常的事情，在15年前会被人认为是不可思议的。比如说，有一名13岁会说英语的扎伊尔小孩，上网很快能找到关于伦敦的近期天气状况、IBM股票的收盘价等信息……其获得信息是如此方便、快捷，丝毫不逊于国家图书馆信息管理主任。这妙不妙？这对我们的工作和生活产生了很大的影响。信息要是多了，并且容易获得，它的价值就小了。所以谁能把信息组织起来，使其具有"上下文"环节，并且有情感地表述出来，这样的能力就显得非常重要了。

这就是培训课堂的精华之处——富有情感的内容。

故事感兼具有"高概念"和"高感性"。说它是"高概念"能力，因为故事感让人们在一定的"上下文"内容中、一定的背景中去讲述，讲述的事物更容易被理解，也更有意义，假如换成是让听课者看无聊的幻灯片演示（PPT），他们一定会觉得是一种折磨。同时，故事感又是"高感性"的，因为它总带有一定的感情色彩。引用英国作家弗斯特（E. M. Forster）的著名观点来解释，就是"王后死了，国王也死了，这是一个事实；王后死了，国王因此悲伤不已也死了，这就是一个故事。"我从大学生那里获得的反响或许是最好的例证，讲述真实故事的大学教师往往是最受欢迎的，也是教学效果最好的。我的学生们告诉我，在他们眼中优秀的教师不会照本宣科，而是将自己的个性、人格及经历融入所授材料之中，然后将其娓娓道来，令人受益匪浅、印象深刻。好故事可以终生受用：用于教学、用于分享、用于启迪，当然，也可用于劝诫。

我们，当然也包括接受培训的人，以故事的方式看世界，理解事物，是如此的根深蒂固，是那么的自然，以至于我们自己常常不觉得这一点。在概念时代，我们必须清醒地认识到故事的重要性。

三、整合能力

专注、专业和分析能力在"信息时代"是十分重要的。而在"概念时代"，综合演绎能力及把看似无关联的元素整合成新元素并将其清晰地呈现出来的能力至关重要，有时甚至被当做衡量个人能力的标尺。丹尼尔·平克把这种能力称为"整合"。

优秀的培训师能够帮助受训者分析并清晰地阐述未被发现的关联，能够"看清关系间的关系。"整合能力要求我们更透彻地看待事物，即以不同的角度看待问题。任何人都能演示大量的信息，并重述课件上呈现的内容。但我们需要的是能够发现不同格调，且嗅出细微差别及化繁为简的能力。培训中的"整合"并非指"简化"信息,使其像电台广播或电视新闻里常用的话语那样"标准化"。"整合"能力是在走上培训讲台之前,将我们所有的思维如,逻辑、分析、演绎、推理、直觉等调动起来,从而看清周遭的事物(如,培训的主题等),然后归纳出要点,分清主次。这也是一个对有用与多余信息进行取舍的过程。

四、共情能力

共情能力,是设身处地、认同和理解别人处理感情的能力。站在别人的立场上,从他们的角度来看待事情,理解他们的感受。这是一种本能反应,不用经过深思熟虑就能产生。但是共情能力不是表示同情。同情是对别人悲惨处境感到不舒服。共情能力则是换位思考,如果是我坐在台下接受培训的话会怎么样?这是有想象力的表现,也是内心的真实感受——深入到别人的思想里,体验那个人眼中的世界。

比如,昨天我过得很辛苦。从早上一起床就在不停地忙碌,有做不完的事情等着我。我还要处理一些生活琐事,如,致电给在外地读大学的孩子,看看最近学习如何,生活费是否够用;另一个3岁的孩子牙齿还没有长全,不知道在幼儿园的中餐是否顺利。我在家与办公室之间往返了4次,匆匆忙忙吃完晚饭,又回到书房工作了几小时,直到疲惫得无法集中精神。到晚上11点,我全身都像散架了似的,于是准备回卧室睡觉,但是,躺在床上却怎么也睡不着,便开始读书,过一会儿又累了,但还是睡不着。这样到了凌晨1点左右,我进入厨房,给自己泡了一杯牛奶,翻开前一天的报纸看。凌晨2点15分,我回到卧室,尝试入睡,最后总算是睡着了。不过我记得最后一次看床头的闹钟,指针已经过了3点06分。

3个小时后,3岁大的小家伙从她的房间冲出来,开始像往常一样地叫喊,要喝牛奶。直到7点钟,全家又开始了早晨的忙碌。8点,我回到自己的办公室,就是现在坐的地方,又开始面对新一天的紧张工作。我真的感到很累,很累,刚刚打了个哈欠,想想自己面对的一天,又开始打哈欠了。尽管喝了两杯咖啡,不到30秒,又感到昏昏欲睡了……但是我不能睡,还有两个会要开、3个小时的培训课要上。只好打着哈欠继续工作。

暂停一下,在过去的几分钟里,你打哈欠了么?当你看到我以上的描述,试想出我打哈欠时困倦的样子,你是不是也感觉要打哈欠了呢?如果是的话,很可能你具有这样一种重要的能力倾向,即共情能力。如果没有的话,为了激发这种能力,也许你需要听一个比我过度劳累和睡眠不足更加动情的故事。

概括地说,共情能力是一种情感能力,是设身处地地去了解他人感受的情感体验。比如,优秀设计师具有将其置身于用户、顾客及大众立场上的能力。那或许更多的是一种才能,而不是某种可以传授的技能。但至少每个人都可以在这方面做得更好。通过共情思考,培训者可以即时地判断出听众是否接受了培训内容,及接受到了培训内容的哪个层面。一位具有共情能力的演说者能够根据自己对听众的解读,而对培训现场作出适当的调整。

五、娱乐感

为了对主题有直接的认识,让我们先来听个笑话:

老鼠被猫一阵追赶,终于逃进了洞,吓得一身冷汗,躲在洞里再也不敢出来。它竖起耳朵听着外面的动静……

突然,老鼠听到一阵阵狗叫,它放心了,因为猫是怕狗的。狗一来,猫就吓怕了。于是,老鼠大摇大摆地出洞了,谁知道,它刚刚出洞,就被猫抓住了……

老鼠说:“活该我倒霉!但是我不明白,你从什么时候开始变得不怕狗了?”

猫说:“哼!那狗叫是我装的。这年头,不学习一点外语,还怎么出来混呐?”

开始于上午8点的酒店英语培训,讲师以这个笑话作为开场白,不禁令台下原本提不起精神、兴趣索然的人们有了听下去的欲望。当然,我列举的只是娱乐感在培训中运用的一个缩影。可以说,娱乐的加入,会使得培训体验变得不可思议,又令人活力焕发。

概念时代,工作中不仅需要严肃和认真,还要懂得娱乐,具有丰富的娱乐感会使工作更顺利地进行下去。虽然每次的培训环境各有不同,但在许多培训场合,恰当的娱乐可以使培训令人回味。此处所言的“娱乐”并非“开玩笑”和当小丑,娱乐的手段也是丰富多样的。它在培训中的运用可以通过三种方式来体现:游戏(包括有趣的测试、团队培训游戏、沙盘演练、户外拓展等)、幽默和快乐。综合而灵巧地运用它们,会令培训局面焕然一新。

在丹尼尔·平克的书中,印度医师马丹·卡达丽亚(Madan katatia)指出,爱笑且能激发他人发笑的人往往更具有创造力,因而能创造出更多的价值。娱乐感体现的是人的右半脑的许多十分强大的功能——适应环境,综观全局,以及将各种不同的观点结合起来形成新的见解。我们在前一章曾提到,人们一直错误地认为：培训必定是严肃的，而严肃，在某种程度上是与枯燥无味画等号的。因此，听众必定是要忍受而非享受。同时，我们的课件也是设计得越“专业”（晦涩难懂）越好、越复杂（眼花缭乱）越好、越详细（布满文字）越好、越丑陋（色彩斑斓）越好。这种想法一直延续至今。但我们希望，阅读完本书后，此想法会成为过去。

六、探寻意义

《围城》里的赵辛楣曾说：“办报是开发民智，教书也是开发民智，二者都是‘精神动员’，无分彼此。论影响的范围，是办报来得广；不过，论影响的程度，是教育来得深。”

作为本书作者，我并不想小题大做，不过确实认为，培训是一个机会，一个改变世界（或你所在的社区、企业、学校）的机会，无论这种改变是多么的渺小。培训效果不好，自己会很泄气，甚至开始怀疑自己的能力；相反，培训场面热烈，自己和听众都会有种满足感，事业也因此而蒸蒸日上。从某种意义上说，培训师是为“意义而生”，为展示自我及与他人分享重要之事而存在。如果你现在干的培训师，是自己热爱的工作，那么你是幸运的。倘若如此，你一定是兴致勃勃地期待与他人分享你的技能——你的故事。向他人讲授新事物、新概念，并与其分享自认为重要的事，从而相互交流，这恐怕是最有意义的职业了。

对于现在充斥于培训市场中不尽如人意的培训课程、老生常谈难出新意的培训主题，听众虽然明知场面绝非理想，但也见怪不怪了。然而，你若超出他们的预料，让他们看到你在为他们考虑，对与培训有关的全部素材了如指掌、运用自如，并将培训他们当做一种莫大的荣幸的话，那么，你就为改变当前的状况尽了一份力，哪怕意义再小，其意义都是深远的。

拥有“全新思维”能力的培训师，是现代出色沟通者的主力军。当然，现代培训师仅拥有以上这些能力还是不够的，若再具备诸如出色的分析能力等其他重要能力的话，你定能成为“概念时代”培训师中的佼佼者。

第2节 培训师是科学家，更是艺术家

如前文所述，在“概念时代”，与他人进行高效沟通的技能较过去发生了许

多改变。如今,我们不仅需要在培训课堂上以抑扬顿挫的表述讲授课程,在电子课件上板书内容大纲,还要懂得视觉沟通。视觉沟通的典型例证便是电影,做电影和做培训师是两码事,但也并非如我们所认为的那样风马牛不相关。例如,像电影导演拍纪实电影一样,集叙述、采访、音频、录像、照片和字幕于一身,这些要素完全可以融汇到培训之中,向你的听众"表演"故事,这样的培训方式令人印象深刻、难以忘怀。

当然,像个艺术家那样行事,是对培训师的最高要求,在此之前,让我们先来了解一下艺术家是如何由"菜鸟"练就的。

一、不可不知的20个经常性错误

新入行的"菜鸟"培训师经常会犯一些低级错误,甚至一些经验丰富的讲师也有可能犯下同样的错误。这20个错误可以形象地表述为"笨蛋"与"可怜的结局",见表2-1、2-2。

表2-1 "笨蛋"

• 准备不充分(Not being Prepared)
• 内容不充实(Inadequate Content)
• 材料不规整(Not Delivering the goods)
• 使受训者经常厌烦(Constantly boring the trainees)
• 信息过多(Overload of information)
• 误解组织(Misreading the group)
• 步骤简单(Poor Pacing)
• 练习的遗漏(Omission of Practice)
• 奇怪和令人困惑的言行表现(Odd or distracting Visuals or Verbals)
• 对问题把握不准(Poor handing of questions)

把表2-1中每句话的首个单词组合起来,就会得出"笨蛋"(Nincompoop)这个词。如此更便于记忆。

表2-2 “可怜的结局”

• 缺乏计划的表达(Poorly Planned Visuals)
• 不恰当的幽默(Offensive or inappropriate humour)
• 不适当的穿着(Over-or under-dressing)
• 超时讲课(Running Overtime)
• 迟到(Running late for the start)
• 缺乏眼神交流(Eye-contact missing)
• 总是背对大家(Showing your back too often)
• 低效的使用多媒体(Under-Utilising the media available)
• 缺乏感染力(Lack of enthusiasm)
• 没有结论(Total lack of Conclusion)

若再把以上几个要点的首字母连起来,且如果讲师确实存在以上错误,那么将会得到一个“可怜的结局”(Poor result)。

二、酒店培训师角色所应具备的基本能力

1. 酒店培训师的角色定位

(1)专家与教练角色。有人把培训师看做是技能或知识专家;也有人把培训师看做是教练,教大家练。实际上培训师并非是全能的,只是在自己的领域是专家,把自己所掌握的技能教给学员。

(2)讲师与课程设计师角色。培训师是讲师,要上课并在讲课过程中运用各种培训技能授课;培训师还是课程设计师,要对培训课程进行设计、准备、实施及评估。

培训师是组织者,负责培训、会议或活动的组织安排;培训师还是企业或工作顾问,了解企业存在的问题,确定企业存在的问题能否通过培训予以解决,并对培训不能解决的问题提出自己的建议。

(3)编、导、演角色。有人把培训师看做是编、导、演,即编剧、导演和演员。

•准备培训。要分析培训任务,确定培训目的、培训内容、培训方法、培训资料,使用培训设施、制订课时计划等,这是编剧。

●实施培训。要有引人入胜的开场、实用的培训内容、应对课上特殊情况和耐人寻味的结尾等,这是演员。

一节50分钟的课程要花多少时间准备?有人测算说要用60小时。一位成功的技能培训师如果从进入企业那一天算起的话,恐怕准备时间应该是几年或十几年。

●指导学员练习。培训师在这个阶段担当的角色是导演。指导学员如何扮演角色,并请他们按照各自的角色进行演出。导演要保证课堂气氛活跃,引导学员轻松、自然地进入自己的培训角色参加各种活动,并在培训结束时有所收获,回到工作岗位后学以致用。培训活动越多,培训气氛越活跃,培训师导演的作用就发挥得越好。活跃的学习氛围和大量的活动为学员的学习创造了一个轻松的学习环境,学员的参与能加速其进入角色的速度,保证学习效果。

2. 酒店培训师应具备的基本能力

在酒店培训中,培训师的主要作用是创造外部条件激发学员的学习兴趣和学习动机,通过灵活多样的互动式教学手段,调动学员积极参与培训过程的积极性。因此,培训师要由传统学历教育模式中的讲解者、讲授者转为酒店培训的组织者、实施者、评判者和示范者,由一言堂讲师变为群言堂导演,实现由单向平面型教学到师生双方共同参与的多向立体型培训的角色转换,即成为酒店培训师。角色的变化要求培训师在具有良好职业道德和崇高敬业精神的同时,在业务素质方面至少应具备以下基本能力。

(1)扎实的知识基础,较强的学习兼容能力和知识创新能力。具备与授课内容相关的系统专业知识,是对酒店培训师最基本的素质要求,而对现代酒店培训师来说,培训对象、培训目标和途径都发生了根本性的变化,培训内容、培训课程的安排,完全取决于企业对提高员工能力的实际需求。酒店培训师必须要有较强的学习"兼容"能力,实际操作知识、酒店经营管理知识、企业文化知识、社会心理学知识等与酒店建设和发展密切相关的知识都应具备,并逐步由浅到深、由窄到宽、由通到精。"兼容"的最好途径,就是主动学习,只有学习才会有积累,才会得心应手和运用自如。创新能力是衡量培训师是不是一个称职的或优秀的培训师的核心标准。培训师的创新,不仅表现在对知识的理解创新和应用创新,而且还表现在对知识载体应用方式方法上的创新。没有足够的创新力就会落伍,甚至被淘汰。

(2)项目开发能力和实施协调能力。一个合格的酒店培训师必须要善于做好培训项目主持人,因为在酒店培训中,越来越普遍地采用培训项目管理体制。从酒店培训市场调查到项目立项、项目设计、计划制订、组织实施、课程协调、师资选配均由项目主持人全面负责,项目主持人是酒店培训工作的核心人物。一个酒店培训项目成功与否,很大程度上取决于项目主持人的能力。因此,酒店培训师要学会贴紧酒店培训市场开发培训项目,依靠酒店培训市场传递酒店培训信息,面向培训市场决策培训行为,像组织部门工作那样组织培训,像经营酒店管理那样管理培训,这的确需要"闯"与"创"。

(3)教学应用能力和气氛调动能力。培训中,运用互动式培训法,能使学员成为培训活动的中心,突破传统教学中以教师为中心的教学思维定式,参训学员既是受训者,更是培训资源。一个优秀的酒店培训师,不但要有用自身一桶水给别人一杯水的能力,更要有用自己的一杯水激活别人一杯水并共同获得一桶水的能力。酒店培训师要学会如何投其所好、适其所向、释其所惑,可以通过课堂讨论、案例分析、模拟游戏、角色扮演等多种教学方法来提高学员的实际能力。培训者必须从案例设计、游戏拟订、角色分工、环境营造等方面主动学习、精心准备并大胆实践这些教学方法。互动式教学最关键的一点,就是学员积极参与、师生专心投入、融为一体。培训师应善于营造教学中的学习气氛,采取多种方法激发学员参与培训过程的积极性。

(4)临场组织能力和课堂应变能力。在酒店培训中,学员作为教学的中心,在教学中对培训进程的影响力加大,常常会出现一些突发事件,对培训师的课堂应变能力是一个考验。因此,培训师应具备良好的临场组织能力和课堂应变能力。临场组织能力主要指培训的亲和力和现场的驾驭能力。只有临场组织得好,才能取得理想的培训效果。临场组织能力来自于对培训对象了解的深度、对培训内容把握的程度、对培训技巧运用的能力;来自于反复的实践、探索,失败和成功。培训师知彼,胜于知己,自然、流畅、活跃、愉快,应是临场组织工作永恒的目标。在参加培训的人员中,极好争辩者、顽固不化者、过分健谈者、沉默寡言者、牢骚满腹者、表达不清者各有人在。他们在交流中经常会闹出意料之外或不利于课堂教学正常进行的"故事"来。面对这样的参训学员,培训师必须快速、果断地拿出应对方案,或肯定答复、或婉言拒绝、或转移、或搁置、或疏导、或鼓励。

(5)人际沟通能力和语言表达能力。培训师的语言应准确、明晰,逻辑严谨,充分体现科学性;简洁练达、清澈透辟,充分体现针对性;生动活泼、风趣幽默,充分体现灵活性。酒店培训师面临着一个很现实的问题,就是交流和沟通。因为酒店行业的特点决定了无论是交流沟通还是实施培训,对酒店培训师语言表达能力的要求都是很高的。这里的人际沟通应是广义上的沟通。培训师与培训主管部门、送培企业单位、培训服务部门、外聘培训顾问及学员等诸多方面都需要交流和沟通。通过沟通,可以使企业和学员了解培训师想要做什么,正在做什么和能做什么、长于做什么;使培训师了解企业希望培训者做什么、怎样去做、可以增加理解和信任,可以理顺多种关系,可以争取帮助和支持。

(6)多媒体技术运用能力和信息处理能力。随着多媒体教学技术的广泛运用和教学方法的多样化,培训手段变得丰富多彩,合理、科学地采用多媒体教学手段不但能大大增加信息量,而且能够使信息交流更为直观、鲜活,有效地激发学员的学习兴趣,使课堂教学变成轻松、愉快的学习过程,从而增强培训效果。

酒店培训越来越依赖于大量信息的支持,因此,需要对来自各方面的大量信息进行处理。如何在市场信息、人才信息、企业信息、培训信息、学员信息等各种复杂的信息中发掘、搜集和筛选自己所需要的信息,有所学而有所不学,从而更好地把经过加工整理的有益信息应用于培训实践,这也是培训师必备的能力之一。

(7)理论研究能力和经验总结能力。一个好的酒店培训师要善于把经过实践证明了的、行之有效的做法和感悟上升到理论,进而形成系统理论,从而指导新的培训工作。培训项目的开发、组织、实施及评估和考核,都有许多经验和教训值得总结。酒店培训的内在规律是随着培训活动的开展而不断显现的,我们不可能未卜先知。培训师应从不同的角度来探索洞察职工培训改革的新动态、新发展,研究和探索培训工作的新途径、新方法,关注和思考关于培训体制与体系、培训机制与动力、培训对象与目标、培训内容与手段的新改革、新变化,积极提出积极的建议和主张,努力创造有利于培训可持续发展的大环境。

(8)心理承受能力和心态平衡能力。酒店培训是一项充满艰辛和挑战的事业。就目前而言,酒店的培训还属于自主培训,一个具有创造力的培训师必须要具备良好的心理素质,应该让自己经得起考验、耐得住寂寞、受得住甘苦,还要做好承担责任、面对失败、遭受误解的心理准备,更为重要的是,要有摆脱困惑和寻求平衡的能力。只有具备了较强的心理承受能力和心态平衡能力,才能顶得住方方面面的压力,才会有适应和提高,才会有创新和发展,才会有灿烂和辉煌。

由于酒店培训师是一个对个人综合素养和资质都要求极高的职业,优秀的培训师要将深厚的专业理论功底与丰富的实践经验相结合,需要具备思想上、业务上的多方位的基本功。

(9)丰富的实际工作经验。酒店培训师的实际工作经验，并非仅仅体现在职业工作经验上，虽然这是必不可少的，但更重要的是，要具有与培训对象同行业或相似岗位的工作经历，并在实际工作中积累了大量成功与失败的经验，因为培训本身并非完全是教给学员成功的经验，同时也更加注重培养学员如何规避失败。具备丰富实践经验的培训师在授课时才不至于出现过于理论化的枯燥局面，才能使培训有血有肉，培训的课程才能够更加实用。

(10)良好的心理素质和专业形象。对酒店培训师来讲，专业形象是不可忽视的。酒店内部培训师更应该在平时注意树立自己的形象，因为在酒店内与身边的学员朝夕相处，容易对周围的人产生影响。对培训师来说，树立培训师的专业形象是提升授课说服力的必要因素，也是对培训师素质的基本要求。

3. 合格酒店培训师的知识和能力评价

培训和学校教育是有区别的。同样，酒店培训师的能力要求和学校教育中的教师也有所不同。总体来说，酒店培训师要在个人素质和资历两方面都达到一定的水准，能够将身后的专业理论功底和丰富的实践经验结合起来，同时还要具备良好的交流能力和沟通技巧(见表2－3)。

表2－3　合格酒店培训师的知识和能力评价表

• 经营管理类、旅游管理类、餐饮管理类专业理论知识
• 关于酒店培训内容方面的专业理论知识
• 对酒店培训课程所涉及的问题应有实际工作经验
• 具有培训授课经验和技巧
• 能够熟练运用培训中所需要的培训教材
• 具有良好的交流和沟通能力
• 引导培训对象自我学习的能力
• 善于在课堂上发现问题并解决问题
• 掌握酒店培训内容所涉及的一些相关前沿问题
• 积累与酒店培训内容相关的案例与资料
• 拥有培训热情和教学愿望

第二编
培训准备

第三章

设计、限度和约束

本章要点荟萃

- 培训的准备、设计构思及其进行，都需要创造力，而人人都有能力完成这一创造活动。
- 创造力意味着敞开心灵，也意味着犯错。
- 约束不是敌人而是盟友。
- 在准备培训时要发挥约束的作用，并坚持做到清晰、精练和幽默。

本章的主要内容是介绍培训演说的准备步骤。为此，我们先来谈谈准备过程中常常容易被忽略的创造力问题。或许你认为自己不是一个有创造力的人，更别说把自己当成设计师、作家、艺术家等创意大师了。但是培训内容的构思，尤其是通过多媒体演示的内容是需要创造力的。

最近我给大学生做了一次演说，鼓励并热切要求他们牢记：人都具有创造力（他们都是人，不是吗?）。当我让他们举手示意时，大多数人表示自己缺乏创造力，称自己毕竟不是什么设计师或艺术家，只是普通的学生而已。当我再问及他们是否觉得会议、演说或培训需要创造力时，只有几位学生持肯定意见。"那商业培训与设计思维有关系吗?"几乎没有几个人认为二者有关联。"那么，设计的好坏会对培训有所影响吗?"学生们这才理解。但设计与演说又有哪些关联呢？学生这样问我。他们只听说过别人设计 iPad 苹果播放器、咖啡机或跑车什么的，从未听说过设计培训、演说之类的。

培训的准备过程极需或理应需要创造力，需要同时调用理性"左脑"和感性"右脑"。其中设计十分重要。谁说商业培训与创造力没有半点关系？难道所谓商业就仅局限于数字处理和营销管理吗？难道具有良好设计思维的学生无法成为未来的商业领袖吗？难道“设计思维”或“创造性思维”不是职场人士应具备的重要能力吗？

无论他们学的是什么专业，手头又有什么任务，设计思维的重要性不可忽视。

一旦你认识到准备培训需要创造力而不是简单地以线性方式堆砌的事实和数据的话，你就会发现，这一过程其实是一个调动“全部思维”的活动，需要左右脑思维的共同参与。当然，调查研究有赖于大量的逻辑分析、计算或者说“左脑思维”，但是，将这些有效而艺术化的分析、计算转化成为培训，则更多地需要右脑思维。

人若能以一颗童心看待生活，他一定精力旺盛、充满热情，且易于接受各种新思潮和新做法。“初生牛犊不怕虎”，所以孩童敢于探索、发掘和尝试新事物。初学者思想开放、包容力强。爱说“为什么不……”、“让我试一下”之类的话，而不是“这个我做过……”或“这可不常见”。

当你以一个初学者（即便你已是经验丰富的成年人）的心态面对挑战时，你不会惧怕失败或担心犯错。你若怀着“老手的心”去处理问题，则会忽视其他解决之道，原因是你会受到过去思维的牵绊而与新事物、新方法绝缘。以老手自居的你会说“那样做是行不通的”抑或“根本不能那样做”。但你若有“初心”，则会说“那样做有什么不行吗?”

怀揣“初心”，便无所畏惧。我们都害怕犯错，唯恐受人指责，这是人之常情。但是这种担忧实在不可取。犯错和具有创造力虽说是两码事，但你若不愿犯错，真正的创造力又从何而来呢？你若总是有所畏惧、不愿冒险，就只会采取那些保守的、为前人所认可的做法。寻着“走过的路”有时的确可能找到“出口”，但我们绝不能盲从。你若开明就会发现，公认的方法有时的确奏效。但是选择业已被公认的方法去解决问题，绝非习惯使然，而是经过内省，以全新的眼光、从全新的角度来思考问题的结果。

孩子生来具有创造力。他们生性爱玩、敢于探索。孩提时代的我们才是我们的本真。那时的我们会聚精会神地创造“艺术”，一做就是几个小时，原因在于那“艺术”就在我们心中。随着年龄的增长，恐惧、疑虑、自我审视及过度思索便开始蔓延。看一下身边的孩子就可以认识到，现在的我们仍具创造力。这才是真正的自我！无论你是28岁还是88岁，一切都不迟，因为人人皆有颗赤子之心。

第1节 设计与线索

一、信手拈来的创意线索

你尝试过用一个线索把好几个课时连贯起来培训一个主题吗？你尝试过用一个线索把一个幻灯片(PPT)课件连起来，既让听众更好地接受你的观点，同时又形成自己幻灯片的风格吗？线索对于写作很重要，对于幻灯片更重要。

北京奥运会开幕式，比起从前那么多届奥运会，最大的特色就是使用了线索。那副巨大的画卷，作为主线贯穿了整个开幕式，从最初的四大发明一直到最后的点火仪式，给人印象特别深刻。这个线索的贯穿，让观众感觉好像是在历史的长河中漫游。同样的道理，一个好的线索，能把培训内容贯穿起来，让听众对课程的结构更清晰，对课程内容能够更有效地接受。

曾经，我借以《非诚勿扰Ⅰ》里的“分歧终端机”为线索，去一家高星级酒店给他们的高管做有关管理沟通课题的培训。要求大家设计一个推销“分歧终端机”的课件来上台展示。台下的评委就是风险投资(简称“风投”)专家。这个看似荒诞的话题给了大家无限的想象力和创造力。每一组都在这个舞台上超常发挥，赢得了听众的一阵阵笑声和掌声。我们的“风投”评委也个个财大气粗，把大把大把的银子，投向了他们最中意的投资计划书。这样一个线索，不但让大家掌握了管理沟通的实质要点，还大大提高了大家参与的热情。为每个人的线索提供这样一个平台，就能够让大家的话题内容有的放矢。

北京奥运会开幕式的震撼力和上面这个例子表明，有了线索的培训绝对是与众不同的，可以说是上了N个档次，让听众能够过目不忘。那么，什么样的线索才是一个好线索呢?

1.容易理解，且这种理解是大家默认的共识

特征非常突出，约定俗成。就像上例中的“分歧终端机”，地球人都知道。但如果大家都不知道这个故事及人物含义的话，花上半个小时向大家解释就不划算了。这么短的时间内，听众不见得能够领会其中的含义。

一个朋友听了我的课后，知道了线索的重要性，就以现代五项运动为主线，制作了一个幻灯片(PPT)课件来解释他这个部门不同岗位的工作内容和特点，用做新员工入职培训。他本人是个健身狂热分子，是现代五项运动的爱好者，说起这些项目可谓如数家珍。可是，对于大多数人来讲，这绝对是个不引人注意的小项目。结果是，这个朋友在培训进入正题之前，费了很大的劲儿来向大家介绍这五个运动项目及它们是如何记分的。而待到他要讲的核心内容时，听众早已被他忽悠晕了，根本没有听进去他要讲的核心内容。

事后，他很郁闷地来问我，他错在哪里。我告诉他，这个线索对于听众来讲难度太大了。用线索把课程及课件串联起来，就是为了能够降低理解的难度，增强趣味性。所以，如果你需要用超过 5 分钟时间来介绍线索，那么就说明你的线索选错了，需要改一个更容易理解的。

2. 线索要给课程以足够的拓展空间

这就是说，线索须能够承载所要讲的内容，就像一个比较大的舞台，能够承载整个的课程内容。比如，北京奥运会开幕式的画卷，把中国的历史、北京奥运的历史都承载于这个画卷之上。不但让人了解了这些内容，而且让它们表现得更生动。另外，需要注意的是，对于课程主线的选择，也要考虑这个平台是否能够让内容结构更合理，表达更充分。

3. 线索要能表现出自己的特色

北京奥运开幕式导演选择了以画卷作为线索还有一个重要的原因，就是这幅画卷能够充分表现出中国特色，所以，获得了极大的成功。由此我们可以看出课程的线索还有一个要求，就是能够体现出课程或者培训者的风格特色。比如，酒店的标识（LOGO）及其变形和酒店名称的结构等。法国雅高酒店管理集团（ACCOR）对旗下的奢华品牌索菲特酒店进行白金五星酒店升级时，量身打造了一门课程，用以提升其管理人员的服务理念——“奢华酒店欢迎客人的秘密”。其课程全部内容就是以雅高的英文缩写——ACCOR 及单词“HOTEL”为线索，来诠释这五个秘密的。不仅如此，因为雅高的酒店制服是全球统一主题的，故在新员工入职培训中讲授有关酒店及品牌历史沿革时，选用酒店内某一部门制服在某个时间段的变化来展现企业的发展史，效果鲜明生动，让人回味无穷。

二、寻找和挖掘创意线索的方法

一个好的线索，就像飞来神笔，让你的课程熠熠生辉、光彩照人。那么，具以上三个优点的线索去哪里寻找呢？其实很简单，它就在你的身边。

与学生作文一样，课程的线索可以是人物、时间、地点、事件、实物或思想情感而且还可以结合起来使用,构成组合线索。平时,用得比较多的是事件和时间,而实际上,其他几种线索也非常好。下面,提供两种用以寻找好线索的方法,以供参考。

1. 比喻法

什么叫比喻,就是把你不懂的事物看成一种你熟悉的事物,找到它们的共同点,帮你认识新的东西。我把它看做是认识新事物的催化剂,以降低学习难度。

这种比喻法怎样用在课程中呢?其中,关键是要找到一个非常合适的喻体,就像前面所举得那个"分歧终端机"的例子,让大家更好地理解沟通的重要性。

备课的时候最怕头绪多的课程,很让人挠头,构思起来好像抓到刺猬,不知道从哪里入手。其实越是头绪乱,就越需要通过线索把条理梳理清楚。用比喻法找来的线索能够化繁为简,帮助我们表述一个复杂的过程。

我们曾经协助一家四星级酒店进行开业筹划,涉及的部门极其繁杂,从前期准备,到开业倒计时,每一步工作都牵涉到多个部门的协同工作。项目每向前推进一步,都需要把各部门的不同报告和数据集中到一起,从筹备开业、原料采购、人员招聘、封闭培训再到各部门制度的建立和完善、人员配备,等等,不一而足,历时一年多,到开业前期的时候数据量极大,且乱。如何把一份完整的报告用故事串联起来向董事会汇报,尤其是考虑到这份开业前期的报告,将成为日后每位新员工入职时必须了解和掌握的企业历史培训课程,颇让我费了一番脑筋。当时,我们专门负责这个项目的团队有个响亮的名字——东方酒店(Hotel Oriental,H. O. T),所以,我们也成了整个酒店里最热(Hot)门的话题。

在构思课程时,首先,我通过 Google 搜索到一个乐队的摇滚专辑《*Hot On The Tracks*》做标题,"on track"英文本身就双关铁路和按部就班,一方面,它随着项目一步一步地按计划进行;而另一方面,铁路让我联想到了用列车的概念来讲述整个培训过程。于是,在报告中,项目经理改叫了列车长。核心项目组员叫乘务员,并且借用地铁线路的概念来描述我们项目的整个过程。地铁路线图看上去很复杂,有交点、有分支,但无论怎么复杂,因为它是生活中常常遇到的东西,大家很容易理解。

通过地铁路线图的方式,把分支众多的过程有机地整合到一起,一个复杂的过程立刻就变得清晰、明确起来。找到这个绝妙的线索之后,我要做的只是让听众理解每一站的目的和它们之间的联系,并通过具体的分析把每一站都解释清楚。带领听众从第一站一步一步地行驶到最后一站。从逻辑上讲，只需要一个简单地按时间先后顺序描述的过程。是这个比喻的线索帮助我抓住了观众的心，赢得了掌声，并在日后的入职培训中不断被证明是成功的。

这两个成功的范例背后，线索的力量可见一斑。但是，到哪里去找这些线索呢？其实，这些线索比比皆是，生活中很多司空见惯的东西都可拿来作为培训的线索。

下面，我们重点讨论几个有代表性的范例：

(1)积木。可以用来强调基础和结构相互支撑、组合，可以用以说明理论中哪些概念是基础环节，哪些是在此之上的进一步延伸。

(2)多米诺。强调系列连锁反应，在分析形成一个事故或投诉的诸多原因时，如果是一系列的连锁反应，就可以用多米诺骨牌为线索。

(3)拼图。这也是一个非常实用的方法。可以很好地强调部分和整体之间的关系。如果推出的一个新产品是由几个部分组成的，如，产品、包装、价格、市场定位等，就可以用它作为线索。

(4)F1。F1 赛手之所以能够驾驶赛车在赛道上驰骋，就是因为在他的身后有一个强有力的维修团队。他们能够在极短的时间内更换轮胎，得益于他们的团队合作。所以，我们在构思有关团队协作培训专题的时候，就可以用它来作比喻。

(5)蝴蝶。蝴蝶的蜕变是自然界最美丽的神话之一。从一个新产品到升级上市；从一个新员工到资深经理的历程，都可以用这样一个美丽的神话来诠释。

(6)三足鼎立。硕大美丽的铜鼎是由 3 只坚实的足支撑的，很多理论也需要这样的“3 足”要点作支撑。构成“足”的因素有很多，如，沟通的双重约束——范围和误区等。

(7)千手观音。好好想想，你这一年来做了多少工作；再好好想想未来一年部门需要完成多少任务指标，是不是像一个千手观音呢？这个比喻可以很好地体现出你所做的各项工作和自己的众多长处。

(8)龙舟。这个喻体强调了步调一致和团结精神，也突出了舵手的作用不能忽视，可以用来讲团队如何服从命令听指挥、团结一致战胜竞争对手。

这样的例子太多了，不再一一赘述。当你想表达一个意思时，闭上眼睛，把你周围接触的东西想一圈，说不定就能找到合适的线索。

2. 标识物法

另一个非常好用的有效线索是标识物。这样的标识物在生活中也是非常之多。请注意,迪斯尼动画片中的每一个主人公都会有一个形影不离的动物,如,《花木兰》里的蟋蟀,《海底总动员》里的小蓝鱼多莉。这动物一方面,是串起故事的一个线索;另一方面,有些内容也可用可爱的动物语气来表达。

“90后”的听众正越来越多地出现在我们的课堂,不是吗?所以,在受邀为某五星级酒店讲授一门有关对客服务的课程时,我就使用了标识物的线索。在培训课件的每一章内,我几乎都用了《冰河世纪》中的那个小松鼠作为线索。原因很简单 ,第一,这个小松鼠爱死坚果了。它心中的天堂就是到处是坚果,以至于最后离天堂一步之遥被救活时,都觉得没有坚果的生,不如在满是坚果的天堂里死。第二,为了得到一枚坚果,它从不放弃。不管这个坚果是深陷悬崖还是掉到湍急的大海里,它都奋不顾身。第三,它太可爱了。那种执著的精神真是傻得可爱、傻得令人敬佩。这个小松鼠的爱业、敬业,永不放弃追求的精神正是我们酒店人应该具备的职业素质。

首先,通过对国际品牌等一系列行业标杆酒店经典服务案例的分析,然后提出问题。作为本土企业的我们,要到哪里找到适合本地客人的“坚果”(服务)产品,又如何得到我们心目中的“坚果”(服务的极致——让客人惊喜)呢?

经过一系列分析后,我回答了这个问题,并用一副小松鼠紧紧抱住大坚果的平面图,表达出实现目标的喜悦。这幅图里,小松鼠紧紧地抱住了大坚果,那眼神真让人感动。

同时,我用另外一幅图来提醒大家,不但要自己取得成果,还要关注周围的竞争者。小松鼠抱着坚果,面对周围那么多凶神恶煞的鱼,形象地提出了一个新的问题——竞争。

就这样,用几幅非常简单的平面图确切地点明主题,让听众很容易和我们的观点产生共鸣。通过一个小松鼠,不仅串起了整个故事,还用它表达了很多自己的心理感受,更直接地说出了很多观点。

再如,百事公司有个著名的儿童品牌叫“奇多”(Cheetos)。这个品牌的标识物是个充满探险精神的豹子。百事公司的网站上也有很多关于它的广告。我曾经利用这个豹子做了一个酒店内部安全培训计划。大家看了都觉得很惊喜,产生了非常好的效果。现在,你是否发现枯燥乏味的安全教育,其实可以有另一种新的诠释呢?

不必担心,这些看似花里胡哨的东西,会让你显得不专业。专业(Professional)不是由外而内地拿着那股劲,而是由内到外地体现出来的。具体一点说，就是能够让听众体会到你的用心了、动脑子了、花心思了。同时，带动了整个课堂的快乐学习，这比什么都棒！

三、培训新风潮

“滔滔不绝之夜”（Pecha Kucha Night）是2003年由两位东京侨民发起的一场有关培训的全球风潮，是人们对于辅之以幻灯片（PPT）培训模式的传统态度发生改变的一个体现。这种新潮的培训方法很简单，要求培训师使用20张幻灯片，每张幻灯片的讲解时间为20秒。整个演说历时6分零40秒钟。幻灯片是自动切换的。幻灯片播放结束，培训也随之结束。这种简单而严格的限制，是为了保证培训过程能够简短而精辟，从而使更多的人在当晚获得上台培训的机会。

从阿姆斯特丹到奥克兰、从威尼斯到维也纳，全球有80多所城市都有“滔滔不绝之夜”。北京的“滔滔不绝之夜”通常在高星级时尚酒店的多媒体会场举行。我出席过一次，感觉那里既具正式会议的严肃，又有夜总会的轻松。别的不说，我觉得“滔滔不绝之夜”是一种不错的训练和实践，值得大家一试。即使在实际工作环境中不会用到这种演示方法，这对你的现场表述能力也是一种极好的锻炼。至于是否将“滔滔不绝之夜”的“20张×20秒=400秒”，即6分40秒模式完全照搬到公司或学校并不重要，重要的是其精髓及“诱导性约束”理念，是适用于几乎所有培训场合的。

“滔滔不绝之夜”式培训的确很难使主题深入，但在演示完后，随之而来的是热烈讨论。鉴于此，甚至是商业培训都可以采用此类演说形式。可以想象培训师使用这种方式演说的场景。首先，是培训师精练地介绍研究项目，然后与受训者们一起进行深入的探讨。试想一下，一成不变的45分钟典型幻灯片播放式培训，与6分40秒（紧凑的演示）+30分种（提问和讨论）这两种培训方式，对于培训师而言哪种更有挑战性？对受训者而言哪种印象更为深刻？哪种更能彰显培训师的知识面呢？其次，如果无法在7分钟内说出主旨的话，那么这个培训也就没有必要再做下去了。著名的“电梯测试”将支持这一观点。这个测试方法将迫使你必须在30～45秒内说出你培训的实质内容。试想一下场景，假设你在一家世界领先的科技公司工作，一次你已做好了向公司市场营销部负责人阐述一个新想法的准备，虽然时间安排和预算都很紧张，但能否获得决策层的认可事关重大。当你来到总裁办公室外，在会议室前一切准备就绪时，他突然拎着大衣和公文包走了出来，说，"抱歉，我临时有事要走，我们边走边说吧……"此情此景，你能够在乘坐电梯至到达停车场这段时间里，清楚地说明自己的想法并获得他的赞许吗？当然，发生上述情况的几率很小，但也不能排除这种可能性。现实中更可能的是，你被临时要求缩短或打断培训的时间，比如，从1天减少到半天，由3小时减少到2小时或1小时。对此，你能够从容应对吗？的确，你也许不会碰到这些突发情况，电梯测试也略显极端，但是通过对类似情况的模拟，就能够使培训内容变得更加紧凑，条理更加清晰。

第2节　在约束中创作

日本环球影城的艺术总监杰斯珀·梵·密黑柏(Jasper Von MeerheiInb)，最近为一家日本设计公司做了一场出色的培训，主题为限制激发创意。他在培训中谈到了如何构思，及如何根据有限的时间、地点和预算来实施创作。对于专业培训师来说，他们把培训视为创作的一种形式，原本就是在外部的种种约束下进行的。

至于约束起到了推动还是阻碍作用，都无关紧要，世界本就是如此。正如约翰·梅达(John Maeda)在《简单:设计、科技、商业、生活》(*The Law of Simplicity*)一书中所说，时间有限是最常见的约束(力)，但时间紧迫和创意往往是并驾齐驱的……

客户、老板等人往往会提出一系列的要求，培训师需要按照这些要求创造性地完成命题作文。同时，场地、器材也会限制他们的发挥。对于一个在设计方面未受过培训的人来说，在使用当今的软件工具构思设计培训课件(如，幻灯片)时，他不是迷茫于多如牛毛的选择，就是对如何把自己的艺术感知力运用到作品中去感到无所适从，如，选择什么颜色、形状和特效等。与此同时，更令人关注的是我们的观众，他们大多是成年人，对于培训某些元素的感知有着特殊的偏好，使得我们不得不加以掌握，以便对症下药。

一、约束——成人学习的"短板"

成人学习有其固有的一些特点和指导原则。其特点，是培训师在培训前应该认真考虑的。培训师必须熟悉并据此合理设计培训教案。这样，在每一次培训开始前的准备中，它总能帮助培训师更加胸有成竹。

为了便于记忆，成人学习的指导原则，可以归纳为“弯道2声誉”法(RAMP 2 FAME)，其中包括如下9项原则(见表3-1)

- 温故知新原则(Recency)；
- 适应原则(Appropriateness)；
- 动力原则(Motivation)；
- 重点原则(Primacy)；
- 双向沟通原则(2-way Communication)；
- 反应原则(Feedback)；
- 主动性学习原则(Active learning)；
- 多感官学习原则(Multi-sense learning)；
- 练习原则(Exercise)。

表3-1 成人学习的基本原则

代码	对应原则	基本含义	应用中的注意事项
R	温故知新原则	•受训者以前曾了解或学习过的内容，是最容易被记忆和接受的	•尽量将每一次培训安排在相对较短的时间内完成，一般一课时不宜超过50分钟
		•此原则在彼此独立的两个学习领域得到了很好的应用。第一，可以应用于培训后期内容和项目。第二，可以应用于教授受训者最新、最陌生的内容和项目。在第一项应用实例中，说明培训师经常总结，并在培训结束时再次强调关键内容是极其必要的	•一旦培训超过50分钟，培训师需要经常扼要重述前面的内容
			•每一次培训的结尾都很重要，应该着重回顾整个培训，强调要点和关键的信息内容
			•应尽量使受训者清晰明了地感受到自己学习的进步和改善

续表

代码	对应原则	基本含义	应用中的注意事项
A	适应原则	•适应原则教育我们，所有培训、信息、教育帮助、案例教学和其他的资料必须迎合受训者的需求和兴趣	•给予受训者明确而强烈的认同感。带着这些学习的目的和需求，努力使培训的所有内容都符合要求
		•如果培训与这种需求联系不紧密，受训者很快就会失去学习的兴趣和动力	
		•培训师必须竭尽全力使受训者了解新知识与旧知识的联系之处，帮助他们消除对学习新鲜事物的恐慌	•综合运用描述、举例、说明等受训者所普遍熟悉的介绍方法
M	动力原则	•要取得良好的培训效果，受训者必须要求学、准备学、有理由学。只有受训者有动力去学习或有学习的渴望，他们才会表现积极和突出；同时，对培训计划的实施和培训效果的提高都有帮助	•保证学习材料对培训师和受训者同样都有价值
			•不仅受训者对学习要充满求知欲，讲师对培训也必须兴趣盎然。否则，培训的效果便无法体现出来
		•只要产生了学习动力，学习的气氛就会随之改善	•讲师必须针对受训者的学习目的去选择课程内容，并通过告知受训者培训能够有针对性地解决他们的问题，以持续激发他们的学习动力
		•假若忽视动力原则、忽略了学习材料的相关性，受训者很快就会丧失动力，对学习、培训失去兴趣	•注重从已知发展到未知的教学方法。讲师应该以受训者们熟悉的要点为引子开始培训，再循序进入与课程相关的其他内容

续表

代码	对应原则	基本含义	应用中的注意事项
P	重点原则	•第一个学习要点是培训师掌握得最好的。所以培训师应该把重点环节和重点内容安排在受训者第一印象和第一则信息当中	•由于受训者注意力集中的时间相对有限,因此,须注意应在相对短时间内完成培训并确保重点内容首先讲授
		•非常值得称颂和推广的一个做法,是把培训的梗概和脉络作为提纲,在最初培训开始时就旗帜鲜明地提出来,然后再于后来的培训中一点一点地引申出其他相关的要点和内容	•开场白是非常重要的,一定要内容翔实,生动有趣
		•当受训者被教授如何完成一项任务时,其第一次接纳的信息、方式、方法必须是正确无误的。众所周知,如果一开始就接受了错误的培训和指导,以后若想改正过来,几乎是难以办到的事情	•使受训者清楚地感受到学习的进步和能力的提高
			•严格把握第一次教授内容的正确性和准确度
2	双向沟通原则	•培训应该是双向的互动交流,而不是单向的传授。任何一种形式的沟通都应该是双向的	•在培训方案中应加入与受训者互动交流的设计和安排;
		•互动并非意味着整个培训都需要变成一场讨论,而只是强调,培训应该是讲师与受训者之间的互动反应	•讲师的肢体语言也是双向沟通的重要内容,而且还必须与叙述和描绘相匹配

续表

代码	对应原则	基本含义	应用中的注意事项
F	反应原则	•无论是讲师还是受训者，都必须从对方的回馈信息中找到必要的反应。讲师需要了解受训者的进程和参与程度，受训者要从反馈中了解自己表现的状况	•受训者经常（也非常）盼望讲师的反应和评价
			•讲师需要经常观察受训者的反应并随时以各种方式（如，测试、提问等）获得受训者的反馈
		•反应原则也需要有加强的提示。如果我们表扬受训者（正面加强）的积极表现，很可能导致受训者的发挥超出讲师的预期，而过多的反面批评则可能造成无法实现原定目标	•当使用以上方式时，在受训者回答结束后，讲师应以最快的速度对其表现作出明确反应
			•并不是所有的反应都应该是鼓励的、正面的。正如大家所认为的那样，肯定和表扬只是反应的一种方式而不是全部。否定意见也是反应原则的一个方面。只有正面意见而无负面意见的反应状态是不完整的，也是无用的反应
			•当受训者说或做得正确时，要尽量肯定
			•为了在开始就有正面的、肯定的反应，讲师必须认真做好培训准备工作
			•关注受训者学习中的错误与关注他们的可取之处同等重要

续表

代码	对应原则	基本含义	应用中的注意事项
A	主动学习原则	• 当受训者主动地融入培训过程,便能够学到更多的知识,这正验证了那句名言:“从行动我们懂得学习”	• 在指导中多用实践性练习
			• 在指导中多提问题
			• 可以多使用临时测验的方法,以提高受训者们的学习热情
		• 主动性学习,会帮助讲师维持受训者的清醒和注意力的集中	• 在教授受训者们如何做时,应尽可能让他们自己去实际尝试;
			• 如果受训者们坐得太久而未能被提问或未能参与培训过程,他们可能一会儿就会失去兴趣而瞌睡得抬不起头来
M	多感官学习原则	• 多感官学习原则告诉我们,如果受训者能运用多重感官去学习,其效果会事半功倍。如果讲师教授受训者一种新型的三明治夹馅,他们可能记住。如果你向他们再展示这个产品,他们大多会记住。可如果让他们去摸,去闻,去尝一下,那么谁还会忘了这种新型的三明治呢	• 在讲解事物时,尽量地展示一下实物
			• 尽可能地引发受训者利用多方位的感觉去学习,但别走题
			• 务必确保所选择感官刺激的有效性。确保受训者在听、看、接触时不存在任何困难

续表

<table>
<tr><th>代码</th><th>对应原则</th><th>基本含义</th><th>应用中的注意事项</th></tr>
<tr><td rowspan="5">E</td><td rowspan="5">练习原则</td><td rowspan="2">•练习原则，是指“重复学习”和“意象再现”。最好的记忆方法就是重复。让受训者们不断练习、重复新的信息和内容可以提高他们在短期内记忆新信息的可能性和成功率</td><td>•让受训者反复的内容越多，他们能记忆的信息就越多</td></tr>
<tr><td>•建议以频繁提问的方法来鼓励经常练习和重复学习</td></tr>
<tr><td>•实际操作中，培训师可以先讲授相关内容和过程，然后演示大纲和提要，展示最终产品，最后再让受训者按照要求重复几次</td><td>•受训者总结也是一种练习，在培训总结结论时也得加强训练</td></tr>
<tr><td rowspan="2">•练习也必须保证一定的强度。实验证明，缺乏各类型的训练和练习，受训者将在6小时内忘记所学内容的25%，24小时之内忘记30%，在6星期内忘记90%以上</td><td>•培训过程中应要求受训者多多回忆迄今为止培训中已涉及的内容</td></tr>
<tr><td>•要给予受训者实践所学内容的练习机会</td></tr>
</table>

二、适合成人学习特点的案例

了解成年人学习特点的目的，在于在培训中有针对性地加以应用。适合成年人学习特点的案例，见表3－2。

表3－2　成人学习特点案例

成年人学习特点	案　例
温故知新原则	•鉴别假钞是我们收银员的工作职责之一。你们以前是如何鉴别假钞的呢？接下来，学员介绍各自鉴别假钞的方法。 “大家所介绍的方法都很不错，今天我们要学习更加专业的鉴别假钞的五大方法……”

续表

成年人学习特点	案 例
适应原则	• 良好的沟通技巧，不仅能使我们的工作更有效，也是工作中必不可少的技能，有效沟通在我们的日常生活中是不可缺少的……
动力原则	• 在这次活动中获胜的团队将获得一枚菠萝贴纸，现在让我们看一下各团队的获胜情况：第一队获得三枚菠萝，第二队获得一枚菠萝，第三队获得一枚……
重点原则	• （上课伊始，将培训要点以电子课件形式向学员演示）今天的课程主要是与各位学员分享以下几个要点：沟通的定义、有效沟通的要求、沟通的误区……
双向沟通原则	• 礼仪形体训练。由培训师将动作要领以提纲形式在电子课件上向学员演示，自己则亲身示范，尤其注意讲解细节。稍后请男女学员上台示范，并就其动作进行纠正
主动性学习原则	• 礼仪形体训练。每讲授完一个酒店礼仪的知识要点，即以分组形式进行实操，如此反复
反应原则	• 刚才各小组代表就各部门存在的沟通问题所做的发言非常好。接下来，让我们针对这些沟通问题进行深入的讨论……
多感官学习原则	• 品酒培训：学员每人面前有两只盛有两种葡萄酒的标准红葡萄酒杯。听培训师介绍品酒程序后，学员两手各拿一只酒杯，轻轻地摇动加快葡萄酒氧化，看酒水的挂杯情况，然后闻酒水的“干味”儿，并喝一小口儿品味。培训充分利用五种感官，使学员的听、看、闻、嗅、触等感官全部调动起来
练习原则	• 在接下来的 20 分钟时间里，我们就沟通技能的要素进行分组练习……
	• 好，让我们再复习一下沟通的三大要素，它们是……

第四章

一切从构思开始

本章要点荟萃

- 整理忙乱的思绪，以便认清问题，看清目标。
- 找个独处的时间，综观全局，把握整体。
- 离开电脑，运用“模拟构思”，集中思路。
- 记录创意和想法，纸笔或白板为先。
- 两个基本问题：“你想说明什么？”；“其意义何在？”
- 若听众只能记住培训的一点，那么这点应该是什么？

在准备培训课时，切记要离开电脑。许多人都犯一个根本性的错误，就是大部分的时间都坐在电脑前，琢磨着怎么讲，讲什么。其实在设计之前，首先要做的，是对培训的全盘考量，并确定主旨，只有心绪平静才可能做到。如果注意力全都放在幻灯片课件的制作上，那么心思是难以平静下来的。

大多数人从一开始就喜欢使用软件等辅助工具去构思培训。实际上，这是软件开发人员所乐意看到的情况，而我并不推荐这样做。我认为在设计前期用笔在纸上“模拟”出构思的做法会更好，这样，思路会更清晰。

在我们随后将其数码化时，一些富有创意的想法便会自然涌现。通常人们使用 PowerPoint 或 Keynote 软件来制作幻灯片，在电脑前一坐就是很长时间。我把离开电脑进行构思的做法称为“构思模拟化”，用以对应在电脑上进行的“数字化构思”。

市面上的软件公司向我们提供了不计其数的幻灯片制作模板，虽然有时候也能派得上用场，但更多的时候只会干扰我们，起到适得其反的作用。爱德华·塔夫特(Edwam Tufte)曾说,对于 PowerPoint 我们要认识到,它会造成内容过于空泛,同时使传递的信息杂乱无章。诸如 PowerPoint 和 Keynote 这些幻灯片制作软件的确会对我们的培训起到辅助作用,可是如果使用不当或不慎,则会产生副作用。

大约 20 多年前,史蒂夫·乔布斯(Steve Jobs)在硅谷纪录片《回忆和想象》(*Memory and imagination*)中谈到个人电脑的巨大潜能及如何设计并使用电脑才可以最大限度地发挥人类的才能等问题时说:"我认为,电脑是人类有史以来最伟大的工具。有了它、人类的心智好比装上了飞轮,可以任意驰骋。"

人类算不上移动能力最强的动物。但是有了自行车,情况可就不同了。自行车使我们的能力无限扩大。这难道不是当今最强大的工具——电脑所应该起到的作用吗?

在培训的设计阶段,电脑所起的作用,如同载人自由驰骋的"自行车"还是将人限制其内的"汽车"呢?前者会令你思维开阔,而后者已有的功能只会禁锢人的思想。自行车式地使用电脑,思维会得到开发;而汽车式地使用电脑,只会使思维困钝。仅仅了解制作软件中条条框框的使用方法和某些演示技巧是不够的。还需要充分认识培训的创作和设计原理。一个理想的软件并不会给人设定太多的条条框框和规矩。相反地,它会激发人的创意,提升人的才干。为了使电脑和制作软件为展示我们的才思发挥最大的效力,请关闭电脑,离开它一小会儿。

第 1 节 构思前奏

一、培训设计工具

在准备培训或其他演说活动时,我最常使用的工具,包括一叠黄色的书写纸、数支彩笔和一本笔记簿。如果在办公室,我还会用到大白板。数字科技虽然强大,但还比不上纸笔那般方便和快捷,也无法像在大白板上那样随意添加或删除想法。

大多商业人士甚至大学生都喜欢直接用幻灯片准备演说、培训、报告等内容。关于这一点,你可以向设计师学习。多数设计师,包括玩电脑长大的年轻一代设计师,通常都是先在纸上勾勒出各种奇思妙想。

有一次我拜访某国际知名品牌电脑公司的一位创意总监,向他讨教对当时我们着手的项目的高见。他说他有好多想法要告诉我。我当时猜想他肯定会用幻灯片或影片,至少是用彩色图片向我演示。但当我走进他的办公室后,却发现台上硕大的苹果显示器是关着的(我后来得知,这位杰出的设计师连续几天都没开过电脑)。他拿出一卷纸,纸上记着他的想法,铺开足足有5米长。上面有手绘的图画和文字,好似一幅巨大的漫画。这位富有创意的总监从纸的一端开始,带我领略他的奇思妙想,时而会停下来做些修改或补充。介绍完毕,他把纸卷好递给我说:“你拿去吧。”我将在随后的幻灯片使用中引入他的一些主张。

1. **纸笔**

我经常会在办公室以外的地方工作,如,咖啡馆、公园,甚至是高铁列车上。虽然我基本上都会带着手提电脑,但还是喜欢用纸笔记录想法。我当然可以使用电脑,但和很多人一样,当我用笔在纸上涂写、勾勒想法时,这一系列动作仿佛和我的右脑产生了更为紧密的联系。大脑中的所思所想跃然纸上,灵感也如泉涌般油然而生。而且和坐在电脑屏幕前相比,以纸笔的形式记录下来的思想,显得更为强大和有力。

2. **白板**

我会把想法和创意记录在办公室的那面白板上。那里有一大块空白的地方够我写,没有一点拘束感。写完后,我经常会后退几步一览上面的内容,然后思考着如何将他们排列起来组建成幻灯片。使用白板的好处就是,当你和一组人讨论的时候,大家的想法和观点都可以被记录下来,直接而且一目了然。记录下要点并构建完培训框架后,我会构思一些图画(形),如,最终在幻灯片课件里出现的图片、数据表。这些简单图画(形)可以辅佐我的某一观点。比如说,这里放一张表格、那里放一张图片、这张使用数据线圈等。

你或许会问,那我为何不直接在PowerPoint里创建幻灯片呢,那样不是更省时吗?实际上,那么做只会耗费我更多的时间。理由是,我需要在编辑和预览这两个视图中间不停地切换。相比之下,模拟构思法(使用纸笔或白板)更易于让我纵观全局,也使我思路更清晰。在完成模拟构思以后,接下来转化为数字构思(使用PowerPoint或Keynote等软件)就显得格外容易了。我有时甚至不用再去看白板上的内容就能轻松搞定,因为通过模拟构思我对所涉及的内容已经了如指掌,对于每一步如何做已经十分明确。有时我则要看一下标记,提醒自己使用怎样的图片、放在哪个位置等。

3. 报事帖

大叠的纸和记号笔看似“老套”，实则为非常有用的工具。它们也是描绘思想的最简单的工具。我和团队一起工作的时候，组织大家寻求灵感的主要方式，是在墙上贴“报事帖”。或者由我把大家的想法记下来，或者大家上来写出或勾画出自己的想法，然后陈述其观点或者对他人的观点进行补充。这种场面的确是乱，但乱得好。讨论过后，我会把墙上贴满的帖子带走，然后贴到自己办公室的墙上，一贴就是数天，长则数月。一到需要准备培训的框架和图示时，这些帖子就派上用场了。将各种观点、想法全部贴在墙上的做法不但便于综观全局，也使我们对于什么重要需要保留、什么次要可以删除等一目了然。

虽然你可以用数字软件制作视觉图片，并用在培训中。但是，培训，与听众架起桥梁，目的，或是分享、劝勉，或是宣传，或是通报，都是需要模拟的。因此，在全面准备演说的内容、目的和目标时进行模拟构思，培训才会自然。

二、培养培训师的好习惯

生活中放慢节奏不仅能使人活得更加健康、快乐，更有成效，也能让人的思路变得更加清晰。这一说法乍听上去不免有些荒谬，因为生意场上速度就是一切、时间就是生命。创新也好、市场也罢，快速是关键。

然而，我在这里谈的是一种心境。你要处理的事情太多太多，这是毫无疑问的，你很忙碌。但是问题不在于“忙碌”本身。一天中似乎总有做不完的事情。有许多事你很想去做，但时间上又不允许。这就是每个人所要面对的时间上的约束。但时间紧却可以化作一种鞭策，激发人的创意，从而使问题迎刃而解。因此，问题不在于“忙碌”本身，而是“忙乱”。

当你觉得有紧迫感，思维涣散、心不在焉时，你便处于一种忙乱的状态。尽管你已经在尽力做事，但你希望能做得更好，你相信自己可以做到。这种想法很好，但你很难静下心来思考问题，只能是应付了事而已。于是你选择尝试，深呼一口气，琢磨着下周的重要培训，然后打开电脑开始构思。这时办公室的电话和手机同时响了，你把电话转为语音留言，接了手机，因为是上司打过来的。电话里老板说：“马上准备好上周我交代你做的报告。”这时新邮件提示音也响了，一位大客户发来邮件，标题是：“紧急邮件！”没过一会儿，同事又从门缝探进脑袋，说：“嘿，能把你的报告给我看一下吗？查个数据。”即便你知道现在应该是紧张准备课程的时候，但你还是去办与培训无关的事情。在这种环境下，想要"放慢节奏"或平静"思绪",谈何容易。

"忙乱"会扼杀创造力。原来可以进行培训或召开主题演讲,从而使人们参与到热烈的讨论之中,可是由于时间紧,便改为一堆幻灯片的展示会。受时间所迫,人们不过是将过去的幻灯片临时拼凑在一起,作为新的培训或演说的内容,然后就开始在台上"大放厥词",结果交流不畅,听众也受罪。没错,我们是忙得快要发疯了,那就更不应该用凑数的幻灯片去打发听众,浪费他们和自己的时间。要想把一件事情做得更好,需要做到独具匠心,同时还要为自己开辟出一片独处的时间和空间。

培训、设计师、音乐家,甚至企业家和程序员,这些创作精英们无不以独特的眼光看待事物,并都具有敏锐的洞察力及独到的视角和问题(答案很重要,但是提问在先)。对于多数人来说,这种洞察力、见识及灵感,只有在放慢思绪,对事物做了全面考虑之后才能产生。无论从事何种职业,是科学家、工程师、教师、医生,抑或是商人,在构思培训或演说时,都需要远离电脑片刻,而且最好有独处的空间。

许多幻灯片演示,之所以没有达到预期的效果,其原因之一,是如今的人们不会花(也没有)足够的时间去分清主次。培训从课件到演示做得毫无新意并不是因为演说者不够聪明或缺乏创造力,而是因为他们没能静下思绪冥思片刻。只有在"无电脑、无网络"的条件下,才能纵观全局、明确核心部分。独处并不意味着独自一人,我就发现了一个很好的独处空间——某个西餐厅,那里的服务人员都记得住我的名字。餐厅内有时虽然很喧闹,不过人们很惬意地坐在沙发上,听着悠扬的背景音乐。在那里,我拥有一个独处的空间。

我并不是说越多的独处时间就一定能够弥补思想上的匮乏,激发更多的创意或灵感。不过尽可能多地抽出一些时间独处,还是颇为受益的。至少对我来说,独处更易于我集中思想,使我思路更清晰,更好地把握全局。清晰的思路和对整体的把握是一次培训、一个演说的精髓,而这恰恰是大多数培训没有做到的。

我不想把独处的作用说得过于玄妙。很明显,独处过多也有害处。然而,在当今这个繁忙的世界里,又有几个人能享受过多的独处时间呢?对于大多数的职场人士来说,能够独处那可简直比登天还难。

第2节　构思培训结构

如果你在演说的准备阶段为观众制作了一份讲义,那在现场演说时就不会有迫于面面俱到的压力。准备一份适当的讲义,附上你认为必要的细节,能够在一次培训中针对特定的听众着力讲解最重要的内容。同时,你也不必担心培训时跳过某些数据、表格或相关信息会带来什么大碍。注意,你在培训时不可能做到面面俱到。许多培训师心里老是想“万一我没说……”,于是就在课件里加入了方方面面的信息,或者以此显示他们都是“认真负责”的人。含有文本和详细图表的幻灯片课件十分常见,但你若把那些作为讲义的话,就大错、特错了。正确的做法是,幻灯片从简,讲义求繁。此外,绝对不要把幻灯片打印出来当讲义下发给听众。为什么呢? 身为培训大师和纽约最成功科技大亨之一的大卫·罗斯(David Rose)对此是这样解释的:

“不论演说前后,绝不要把幻灯片打印出来发给听众,那样就预示着失败。从根本上讲,幻灯片需要由演说者来讲述,是用来辅助讲述者的……因此,如果只是将其发给听众,那么只会造成干扰,毫无意义可言。通俗地讲,如果只用幻灯片就够了,还要演说者干什么?”

——大卫·罗斯

培训通常由幻灯片、注解和讲义三部分组成。如果你明白各部分的作用,就不会再把所有信息(文字、数据等)都添加在幻灯片里了。你可以选择把部分信息放在注解部分(作解释或培训备份之用)。演说大师克里夫·阿特金森(Cliff Atkinson)早就提出过这种主张,但大多数人仍然习惯把幻灯片做得满满的,上面附有大量的文本及难以辨认的数据或是篇幅巨大占据整个版面的文字等,然后将幻灯片打印出来作为讲义发给观众。

一、创作培训课件

幻灯片和讲义是两回事。我在此将由幻灯片简易拼凑而成的讲义称做“幻灯片文档”。为了节省时间,许多人会将此作为一箭双雕之事。初衷是好的,但结果却差强人意。这种为了节约时间而把幻灯片文档作为讲义并最终导致失败的做法,使我想起一句谚语:“一心二用,徒劳无功。”

幻灯片应尽可能做到视觉效果好,从而使论证更为有力、有效。而阐述内容、依据和调动气氛等,则是通过口述来达到的。至于会后下发的讲义,则又是另一回事。听众拿到讲义,身旁没有你的讲解,所以讲义至少要做得同培训内容有同样的深度和广度。通常来说,讲义应提供更深、更广的信息。因为此时的观众是在自己读,而不是听你讲。有时候,培训中使用的材料摘自培训所著的书籍或期刊,要是那样的话,讲义可以很简洁,因为观众完全可以从相应的书籍或期刊中获取更多有关信息。

二、培训课件怪圈

如今,粗制滥造、毫无新意的幻灯片随处可见,原因之一,是许多会议组织者要求演说者严格按照统一的模板制作幻灯片,并在会议开始前很早就把 PPT 文件交给他们。组织者随后打印出这些所谓"标准化的"PPT,并放进会议活页夹或拷入 DVD 供会议出席者带回。组织者这样做的意图是,这些含有大小标题和文本内容的幻灯片既可以辅助演说,还能用作重要的讲义供听众会后阅读和参考。这样一来,演说者便处于两难的境地,不得不问自己:"我设计的幻灯片主要是为现场演说服务还是要供观众会后阅读呢?"

于是许多演说者便选择了一个折中的办法,即两者兼顾之。这样制作出的幻灯片既对演说没有任何帮助,印出来后也不便阅读(听众也就不会去读)。这类幻灯片文稿之所以不易阅读,因为上面满是各式各样的图文框,显然称不上什么文档了。

幻灯片文档既不高效,也不美观。试图把幻灯片既作为现场演示文稿又用做会后讲义只会导致一败涂地。可惜如今这一做法却很典型,也十分普遍。PowerPoint 或 Keynote 软件是用来展示视觉信息,以帮助阐述道理、证明观点,从而使观众有所收获的一种工具,但它们并不是创建文本的好工具。严格讲,创建文本应该是文字处理软件的事。

会议组织者为什么不要求演说者另附一份涵盖了演说要点,且内容翔实、深度适中的书面文件呢?使用 WORD 文档或 PDF 文件则会更合适,上面还可以标明文献资料,并提供一些链接供感兴趣的观众自己研读。会议结束后,会有谁去阅读那些打印出来的幻灯片文档呢?大家最多不过瞅几眼那些模糊不清的标题、要点、图表和剪贴画等,然后凭借自己的推断去获得一些理解。没过多久,也就放弃了。但如果同时有一份书面材料摆在面前(假设撰写得当的话),那么,观众就没有理由对演讲主题只是满足于浅显、模糊的理解了。

要使培训及演说做到与众不同,有力、有效的话,两样东西不可少:其一,内容详细、文笔流畅的讲义;其二,简明扼要、图文并茂的幻灯片。如此一来,工作量大大地增加了,但却能实在地提高培训及演说的质量。这也许不是最好的对策,但该办法却简单、直接、一目了然。其实是最容易的一个办法了。

三、避免课件的使用“黑洞”

把 Word 或 Excel 中的内容复制到 PowerPoint 的做法十分常见,但没有必要把所有的信息都拷入幻灯片中。演说时如果需用到大量的数据,可以在讲解时把相关资料以文本形式发给听众(由于分辨率较低及屏幕面积有限,图表上很小的数据是无法清晰演示的)。可行的做法,是择取部分最有用的信息。我曾经参加某培训师有关养生的培训,课堂上涉及两张用到的幻灯片使我印象深刻。该培训师准备的幻灯片上列举了 30 多个国家的人口肥胖率,且无论表格还是条线图都是从 Excel 直接粘贴过来的,而实际上培训师的意图只是要说明美国的肥胖率远远高于中国,那就没必要列出如此多的其他国家的相关情况。至于这些相关的信息,完全可以印在讲义上,留待听众回头自己看就可以了。

第 3 节 构思培训内容

一、提问的哲学

据说佛教认为人类所处的境况十分危急,就如同一个人被箭射中后危在旦夕的情形。设想一下,这个人不是询求自己如何得以救治,而是询问射中他的那支箭是从哪张弓射出来的,那弓是谁造的,造箭和弓的人又是些什么样的人,他们为什么要选择这个颜色的箭,以及弓上用的是哪种弦等。显然他问的都是些无关紧要的问题,而忽略了最为直接的问题。

我们的生活又何尝不是如此呢?我们总对摆在眼前的现实视而不见,而只是一味地追求高薪水、好工作、大房子,以及职位等转瞬即逝的事物,并且终日患得患失。佛教称,生活中充满着灾难和痛苦、厌恶和不满,但那些都在所难免。同样地,在如今的商界和学术界,有相当一部分的培训演说都做得极烂:效果甚微,时间被白白浪费,培训师和受训者都怨声载道。

如今关于如何做培训、怎样把它做得更好等问题,专业人士展开了许多讨论。对于各行业及演说者来说,从某种角度看,培训的现状就是“岌岌可危”,如何改善这一状况很重要。但是,大多数的讨论却集中在软件使用和技术问题上，比如，用什么软件，是选择 Mac 还是 Pc，什么动画切换效果最好，哪种遥控器最好，等等。这些问题虽然还不至于说无关紧要，但却成为讨论的主流。这不免会分散我们的注意力，使我们偏离初衷。许多人在培训的准备阶段，将大部分时间用在 PPT 课件的准备上，却忽略了对内容呈现的整体安排。而对于某一特定的听众群，恰当、有效的内容安排才是最为重要的。

1. 什么不该问

"技术派"的培训师往往一味地沉溺于软件技术及演示特效的讨论，就好比那个被箭射中的人，在危急情况下只关心无关紧要的问题。就培训这一主题进行培训时，通常我被问到最多的两个无关紧要的问题是"每张幻灯片要列几行要点？"和"一次培训应准备多少张幻灯片才最合适？"我的回答是，"这取决于很多因素。一张也不要怎么样？"人们这才开始注意到他们所提问题的问题之所在，当然我通常也不会那样作答。关于要点的问题，我会在后面章节谈到。至于多少张幻灯片最合适，这个问题提得真的不恰当。因为决定使用多少张幻灯片的因素很多，不能一概而论。有的人仅用了 5 张幻灯片，给我的感觉仍然是培训做得冗长乏味；而有的人用了不下 200 张幻灯片，结果却给人留下了内容丰富、令人回味的印象。由此可见，幻灯片课件的数量不是问题。如果你的演说是成功的，观众根本不会去留意你到底用了多少张幻灯片。他们不会在乎这个！

2. 问什么

现在你独自一人，手边有纸和笔，心情轻松、思绪平静，脑海中勾画出下个月要做的培训，或者是下周的，甚至是明天的。回答下列问题：

- 培训历时多久？
- 培训现场什么样？
- 当天何时开始培训？
- 听众是哪些人？
- 他们有什么背景？
- 他们希望从我（们）这里得到什么？
- 为什么要由我做培训？
- 我希望观众做什么？
- 什么样的视觉媒介最适合现场及听众？
- 我培训的最终目的是什么？
- 要讲解什么内容？

• 接下来，是最为实质性的问题——我演说的核心内容是什么？

换言之，如果听众只能记住一点（那样的话，你算幸运了），你希望那会是什么？

准备阶段时需要确保思路清晰，畅通无阻。我热爱技术，而且认为在许多情况下幻灯片制作软件的确十分有用。但在计划准备阶段，还是用“模拟构思”的办法更好。几张纸、一支笔、一块白板，抑或是带着狗去海滩散步时随身携带的小笔记本……只要是对你有用的都可以。彼得·德鲁克（Peter Drucker）更是语出惊人：“电脑是个白痴。”你和你的想法（以及你的观众）才是重要的。因此，在准备之初，应避免受到电脑的干扰。这个阶段是最需创意的时候。至少对我来说，离开电脑才能让我保持思路清晰，明确培训的主旨。

在准备阶段远离电脑、放慢思绪、使用纸笔或白板等做法是为了更好地抓住并掌握核心内容。核心思想就是重中之重。我还是那句话，如果你的观众只能记住你培训课中的一点，你希望那是什么？为什么呢？在明确中心思想以后，你可以将一些想法先写下来，然后再组织和设计幻灯片或其他多媒体材料，从而进一步说明和扩大培训的重要内容。

二、构思培训内容

1. 构思培训课程内容

构思培训课程内容可采用三个步骤，即列出工作任务或知识要点；再将所列出的工作任务或知识要点分解，使其最小化；最后，再将所列出的工作任务或知识要点按顺序排列，由此确定培训课程的内容。针对培训目的确定培训课程内容的步骤及其说明，见表4－1。

表4－1　确定培训课程内容的步骤及其说明

步　骤	说　明
列出工作程序或知识要点，分解工作任务或知识要点，将培训内容排序	• 列出学员为达到培训目的而要学习掌握的所有工作任务或知识要点
	• 将要学员学习掌握的所有工作任务或知识要点分解成较小的工作任务或较小的知识要点
	• 将要学习掌握的工作程序或知识要点按逻辑顺序排列

(1)列出工作任务或知识要点。这里的工作任务,针对的是技能培训要学员学习掌握的各项工作技能,用每天完成的工作任务表示;知识要点,针对的是知识或态度培训的知识技能,用知识要点表示。

根据培训目的需要学员学习掌握的工作任务或知识要点,可能会有许多项。如,汽车企业员工为汽车装配零件、医院护士为病人量体温、酒店餐厅服务员为宾客上菜、商场服装部售货员为客人介绍真丝服装洗涤常识等,这些都是针对“员工能够完成本职工作”培训目的的工作任务之一。完整全面地收集某一岗位的所有本职工作任务资料是一项复杂的工作。收集某一岗位员工工作任务资料的方法及其优势与不足,见表4-2。

表4-2 收集工作任务资料的方法及其优势与不足

方法	优势	不足
观察法 观察和记录中等水平员工的实际工作; 记录他们所完成的所有工作任务或行为	•适合工作周期短的、较简单的体力工作任务	•不适合周期较长的、较复杂的工作任务
	•可以考证员工的反应	•重点可能会被忽略
谈话法 与一个或几个员工谈话,请他们叙述每小时、每天或每周完成的工作任务或行为; 聆听所述情况,记录所述内容	•方法灵活,可获得较多资料	•员工可能不会实话实说
	•适用于脑力和较复杂的工作	•资料可能欠完整
		•需要获得所需资料的提问技巧
调查法 请员工填写调查表,以书面形式回答所提出的问题; 从员工的书面回答中获得所需资料	•所获得的资料坦诚、可靠	•较难设计完善的调查表
	•有书面记录	•有些工作问题可能会被忽略

续表

方 法	优 势	不 足
参考法 参考其他同类企业的工作手册，从中获得所需资料； 根据本企业的实际情况加以修改利用	• 利用他人的成果，节省工作时间	• 容易照搬他人的做法
	• 吸收他人工作成果，见效快	• 他人的标准未必适合本企业情况

无论采用哪种资料收集方法，都要注意所观察、谈话、调查和参考的应该是平均水平的称职员工，所收集的资料应该是切合实际的技术水平及平均而称职员工能够完成的工作任务或行为规范。

在列出工作任务时，须注意：

• 列出针对培训目的要员工完成的所有工作任务，包括主要和次要的工作任务或行为。

• 列出工作任务的完成频率，如，每小时、每天或每周等。

列出知识要点相对于列出工作任务要简单一些，例如，沟通的障碍、沟通的要素、有效的聆听等，是沟通技能的知识要点。列出工作任务时须注意的要点，同样适用于知识要点的列出。

(2)分解工作任务或知识要点。将针对学习目的的工作任务或知识要点资料收集齐全之后，要考虑让每一项工作任务或知识要点大小适中，不宜过大、过长。对每项工作任务或知识要点进行分解，使其较小化。

作者在长期的培训实践中，深有体会。学员学习掌握较少培训内容比学习掌握较多培训内容的效果要好。一个课时所教授的培训内容不宜太多，1 ~ 3 个比较合适。对于适量的培训内容，学员更容易掌握，培训师也更容易找到培训要点，同时还有助于确定容易被遗漏的环节。

在分解工作任务或知识要点时可考虑以下要点：

• 如果某项工作任务或知识要点过大或过于复杂，就将其分解成为几个较小的工作任务或知识要点。

• 将各项工作任务或知识要点分解成为最小化的不可再分解的工作任务或知识要点。

(3)将培训内容排序。第一个步骤所列出的工作任务或知识要点,并未考虑培训或是学员学习的逻辑顺序,在第二个步骤对各项工作任务或知识要点进行分解后,第三个步骤的任务就是对这些经过分解的工作任务或知识要点(即培训内容),按照逻辑顺序进行排序。

在培训内容排序时要注意以下几点:

• 将所有的工作任务或知识要点按照逻辑顺序(如,工作的主次顺序、时间的先后顺序、内容的逻辑顺序等)进行排序。

• 所确定的针对某一培训目的并按逻辑顺序排列的工作任务或知识要点,就是针对培训目的而确定的培训内容。

(4)构思课程内容的案例。我的一位同事曾担任某国际五星级酒店培训部经理,负责该酒店开启筹备期间全体新员工的培训,让我们以该酒店西餐厅经理凯文对新员工培训为例,说明课程培训内容的步骤。

西餐厅经理凯文对新员工培训的目的是:"通过这次新员工培训,新员工能够:

• 根据服务准备要点做上岗的准备工作。
• 按正确的程序摆西餐台。
• 独立为宾客服务。
• 按规定进行酒水饮料服务。
• 根据需求进行餐中服务。
• 按程序进行甜品服务。
• 做好其他服务工作。

显然,凯文的新员工培训内容须达到以上7项培训目的。为了达到以上7项培训目的而确定培训课程内容,见表4-3。

表4-3　确定课程内容

列出工作程序或行为	分解工作程序或知识要点	将培训内容排序
上岗准备工作	• 着装上岗	1
	• 参加班前会	2
	• 检查西餐厅设施	3
	• 整理工作台	4
	• 备茶	5

续表

列出工作程序或行为	分解工作程序或知识要点	将培训内容排序
上岗准备工作	• 调制英国芥末	6
	• 准备糖罐和奶盅	7
	• 准备分肉服务车	8
	• 准备咖啡	9
	• 准备甜酒	10
	• 准备冰桶	11
	• 检查菜单和酒水单	12
西式摆台	• 摆餐台	1
	• 摆沙拉台	2
为宾客服务	• 接听预订电话	1
	• 招待等候宾客	2
	• 引领宾客入座	3
	• 冰水服务	4
	• 点菜服务	5
	• 点酒水服务	6
	• 开胃酒服务	7
	• 结账服务	8
	• 送客服务	9
	• 应对不满意的宾客	10
酒水饮料服务	• 白葡萄酒或玫瑰酒服务	1
	• 红葡萄酒服务	2
	• 过滤红葡萄酒	3
	• 香槟酒服务	4
	• 咖啡、茶及糖奶服务	5
	• 热茶服务	6
	• 酒水车服务	7
	• 饮料服务	8
	• 零杯葡萄酒服务	9
	• 高效工作	10
	• 更换餐具	1

续表

列出工作程序或行为	分解工作程序或知识要点	将培训内容排序
餐中服务	• 黄油服务	2
	• 面包服务	3
	• 撤换酒杯	4
	• 餐中巡台服务	5
	• 小头盘服务	6
	• 菜肴打包	7
	• 撤盘	8
	• 恺撒沙拉服务	9
	• 三文鱼服务	10
	• 主食服务	11
	• 分切肉扒	12
甜品服务	• 奶酪服务	1
	• 甜食服务	2
	• 甜食车服务	3
	• 现场制作甜食	4
其他服务	• 香烟服务	1
	• 雪茄烟服务	2
	• 更换烟灰缸	3
餐厅收尾结束工作	• 营业结束收尾	1
	• 开餐收尾	2

细心的您已经发现，表 4 – 3 中根据新员工培训目的确定的培训内容，正是西餐厅服务员的工作任务清单（见表 4 – 4）。如果您手上有员工岗位工作任务清单的话，那么，确定培训内容就容易多了，只要按照顺序对员工进行培训就可以了。如果手上没有西餐厅服务员工作任务清单也不要紧，可以通过表 4 – 2 所介绍的方法进行工作任务清单的资料收集。

表4-4 西餐厅服务员工作任务清单

1. 上岗工作
(1)着装上岗
(2)参加班前会
(3)检查西餐厅设施
(4)整理工作台
(5)备茶
(6)调制英国芥末
(7)准备糖罐和奶盅
(8)准备分肉服务车
(9)准备咖啡
(10)准备甜酒
(11)准备冰桶
(12)检查菜单和酒水单
2. 西式摆台
(13)摆餐台
(14)摆沙拉台
3. 对客服务
(15)接听预订电话
(16)招待等候宾客
(17)引领宾客入座
(18)冰水服务
(19)点菜服务
(20)点酒水服务
(21)开胃酒服务
(22)结账服务
(23)送客服务
(24)应对不满意的宾客
4. 酒水饮料服务
(25)白葡萄酒或玫瑰酒服务
(26)红葡萄酒服务
(27)过滤红葡萄酒
(28)香槟酒服务
(29)咖啡、茶及糖奶服务
(30)热茶服务
(31)酒水车服务
(32)饮料服务
(33)零杯葡萄酒服务
(34)高效工作
5. 餐中服务
(35)更换餐具
(36)黄油服务
(37)面包服务
(38)撤换酒杯
(39)餐中巡台服务
(40)小头盘服务
(41)菜肴打包
(42)撤盘
(43)恺撒沙拉服务
(44)三文鱼服务
(45)主食服务
(46)分切肉扒
6. 甜品服务
(47)奶酪服务
(48)甜食服务
(49)甜食车服务
(50)现场制作甜食
7. 其他服务
(51)香烟服务
(52)雪茄烟服务
(53)更换烟灰缸
8. 餐厅结束收尾工作
(54)营业结束收尾
(55)开餐收尾

2. 构思培训课时内容

一般构思培训课时内容是分为三个步骤:首先,列出工作程序或知识要点;其次确定所列工作程序或知识要点所需的知识或标准;最后对培训内容排序。

针对课时培训目的确定课时培训内容的步骤及其说明,见表4-5。

表4-5 确定课时培训内容的步骤及其说明

步 骤	说 明
列出工作程序、知识要点及每一程序所需知识或标准,将培训内容排序	●列出学员为达到培训目的而要学习掌握的某项工作或知识要点
	●列出学习掌握某项工作程序或知识要点所需要的知识或标准要求
	●将要学习掌握的工作程序或知识要点,以及所需知识或标准要求按培训时间顺序进行排序

(1)列出工作程序或知识要点。确定课时培训内容的第一步,就是针对课时培训目的列出将要进行培训的工作程序或知识要点,即完成工作程序流程或排列知识要点。例如,商场服装部售货员为客人介绍真丝服装洗涤常识是一项工作任务,而这项工作任务的程序为识别真丝服装面料,察看服装洗涤标志,介绍服装洗涤方法等。

(2)列出所需知识或标准。学员学习掌握所列每项工作程序或知识要点时,通常伴随着需要进一步了解或掌握的知识及完成这些工作程序或行为的标准要求。在列出某项工作任务或知识的程序或流程时,要考虑完成这项程序或流程所需进一步了解或掌握的信息,以及为了完成这些程序或流程需要进一步了解的常识或规定等。每一程序或流程都有质量或数量要求,即完成的标准。

不必担心完成工作程序或行为所需知识太简单。目前,您只是确定培训内容,还不是实施培训。如果以后觉得太简单了,在制订培训课纲计划时,可以很方便地进行内容和知识的整合。

每个企业的员工都有其独特地完成工作程序或行为的规范。这是因为各个企业的工作或行为标准不同。例如,商场服装部售货员为客人介绍真丝服装洗涤常识时，介绍真丝服装面料、察看服装洗涤标志、告诉宾客衣物洗涤方法时，需要了解关于面料的识别知识、各种布料的洗涤知识、洗涤标志的识别及各种衣料的熨烫知识等。而完成以上程序或流程的标准，可能是在与宾客谈话时要面带微笑、声音甜美。

(3)将培训内容排序。列出工作程序、知识要点及所需知识标准后，要考虑对适合学员学习和掌握的培训内容排序。例如，商场服装部售货员为客人介绍服装洗涤常识时，显然，学员须先学习面料的识别知识、各种布料的洗涤知识、洗涤标志的识别及洗涤方法；然后再学习如何为客人介绍服装洗涤常识。这样的安排效果会更好。

(4)构思培训课时案例。让我们继续以某国际五星级酒店西餐厅经理凯文对餐厅老员工的“为宾客点菜”培训为例，说明构思课时内容的方法。

酒店西餐厅老服务员“为宾客点菜”培训的目的是：“通过为宾客点菜服务培训，学员能够：

- 为点菜做好各种准备。
- 按正确的程序为宾客点菜。
- 推荐适合宾客需求的菜肴。
- 推荐适合宾客需求的酒水。
- 与宾客确认所点菜肴与酒水正确无误。
- 在规定的时间内分送点菜单。

这是一个培训 3 次，每次 2 小时，总计 6 小时的培训，算作一个课时内容。根据课时培训目的确定课时培训内容的步骤，见表 4－6。

表 4－6　根据培训目的确定课时培训内容的步骤

<table>
<tr><th>列出工作程序或知识要点</th><th>列出所需知识或标准</th><th>将培训内容排序</th></tr>
<tr><td rowspan="3">准备点菜</td><td>• 厨师特选</td><td>(1)厨师特选</td></tr>
<tr><td rowspan="2">• 本餐厅菜单</td><td>(2)本餐厅菜单</td></tr>
<tr><td>(3)准备点菜</td></tr>
<tr><td rowspan="4">点菜</td><td>• 记录顺序</td><td>(4)记录顺序</td></tr>
<tr><td>• 点菜顺序</td><td>(5)点菜顺序</td></tr>
<tr><td rowspan="2">• 询问</td><td>(6)询问</td></tr>
<tr><td>(7)点菜</td></tr>
</table>

续表

列出工作程序或知识要点	列出所需知识或标准	将培训内容排序
推荐菜肴	•厨师特选	(8)厨师特选
	•菜式搭配原则	(9)菜式搭配原则
	•了解宾客需求	(10)了解宾客需求
	•给宾客以选择	(11)给宾客以选择
		(12)推荐菜肴
推荐酒水	•葡萄酒与主菜的搭配原则 •软饮料	(13)葡萄酒与主菜的搭配原则 (14)软饮料 (15)推荐酒水
确认点菜单	•复述点菜内容 •掌握下单要求	(16)复述点菜内容 (17)掌握下单要求 (18)确认点菜单
分送点菜单	•点菜单分送规定	(19)点菜单分送规定 (20)分送点菜单

您一定发现"为宾客点菜"的培训内容正是"为宾客点菜"的工作细则。如果您手中拥有员工各项工作任务的工作细则,就可以直接针对学员的培训目的选择培训内容。为宾客点菜的工作细则,见表4-7。

表4-7　为宾客点菜工作细则

操作程序	操作步骤与标准	说　明
准备点菜	(1)准备笔和点菜单	掌握本餐厅菜单知识
	(2)向厨房了解各菜肴原材料预备情况	•熟悉餐厅提供的菜肴
	(3)了解当天特色菜或厨师特选	•了解各种菜肴的原料及产地
	(4)掌握本餐厅菜单知识	•了解各种菜肴的烹饪方法
		•掌握各种菜肴应搭配的酒水

续表

操作程序	操作步骤与标准	说明
点菜	(1)每张台“一号椅”最靠近门	●按照标准的顺时针方向点菜,其他服务员也能热情正确地为宾客服务
	(2)在点菜单第一行记录“一号椅”宾客点的菜	
	(3)按照顺时针方向请宾客点菜	
	(4)先孩子、再女士、最后男士,先宾后主记录在对应位置	
	(5)站立于宾客左侧0.5米,身体前倾,声音以不打扰其他宾客为宜,与宾客保持目光交流	●记住每个位置的默认编号按规定写单,让每个人都看得懂
	(6)适时询问,以确认宾客的需要,比如,询问宾客要汤还是沙拉	●如果每人都按照这个操作程序做,就不需要为宾客所点菜肴做特殊记号了
	(7)询问宾客,比如,希望牛排几分熟	
	(8)点完菜单后为宾客重复一遍,特别是宾客的特殊要求	
推荐菜肴	(1)主动向宾客推荐“厨师特选”	●如何了解宾客需求
	(2)向宾客提出关于菜式搭配的建议	
	(3)主动询问宾客所喜欢的菜肴	
	(4)宾客表现得比较犹豫时,及时给予建议	●为宾客提供关于菜式搭配的建议
	(5)给宾客介绍两个以上的菜肴,供宾客选择	●了解菜肴搭配原则

续表

操作程序	操作步骤与标准	说　明
推荐酒水	(1)宾客点完菜后推荐葡萄酒	●如果宾客在庆祝特殊纪念日,如,生日,他们一般会点一些酒水
	(2)熟悉适合搭配主菜的葡萄酒类型	
	(3)向不饮酒宾客推荐软饮料	●推荐酒水时,要保护宾客的利益
确认点菜单	(1)复述宾客点菜内容并得到宾客确认	●复述宾客点菜内容并获得宾客确认,把错误消灭在未出现之前
	(2)点菜单书写清晰,注明主位及宾客酒水类型和品牌;注明宾客人数、台号、日期、点菜时间和点菜员工姓名	
	(3)从宾客手中收回菜单、酒水单并致谢	●正确下单,保证服务的顺利进行
分送点菜单	点菜单每式4联,分送:	●点菜单是出品与结账的凭证,不可送错地点
	(1)白联交收银	
	(2)蓝联交厨房	
	(3)黄联送酒吧	
	(4)红联留存	

第五章

讲述内容巧安排

本章要点荟萃

- 要想使培训吸引人,并给受训者留下深刻印象的话,切记不要复杂。培训时多采用案例教学、以讲故事的形式加以论述。同时,还要带给听众意外和惊喜,以激发其内心情感。
- 培训绝不仅仅是陈述事实。

在没有电脑干扰的情况下,你独自一人或集体共同寻求灵感,你不时地停下来纵览全局,明确核心思想。虽然有些细节问题还有待充实,但你对培训的内容已经比较清晰和明确。下一步要做的,就是为核心思想、事实及理论依据组织一个逻辑框架。这个逻辑框架会将培训内容安排得得当有序,令你在课堂"表演"时更加流畅,同时也更易于观众理解。

在将纸上的各种想法或观点以 PowerPoint 或 Keynote 课件呈现出来之前,你需要考虑如何让观众对培训内容产生共鸣的问题。是什么使你的培训充满智慧,令人难忘? 如果你有志于做一场令人印象深刻的培训,那么必须时刻考虑如何巧妙地安排所讲内容,使其令人难忘。

大多数有关培训技能的著名书籍并不阐述培训本身,也不会讨论如何使用幻灯片课件。齐普·希思(Chip Heath)和丹·希思(Dan Heath)兄弟俩的《为何有些想法吸引人,而有些则不行》(*Made to Stick*)一书就是其中之一。希思兄弟感兴趣的是,为何有些做法能吸引人,令人印象深刻,而有些则行不通。对于此问题,二人总结出了培训六原则:简单(Simplicity)、意外(Unexpectedness)、具体(Concreteness)、可信(Credibility)、情感(Emotions)和故事(Story)。没错,这些英文单词的首字母刚好能拼成SUCCES,即“成功”。

在培训中(包括幻灯片培训)遵循上述六原则是很容易的,但大多数人却做不到,这是为什么呢?作者把其中主要的原因归结为“知识祸根”。所谓的“知识祸根”,是指培训师在授课过程中没有考虑一个外行人(或初学者)听自己的演说会有怎样的感受。他可以用抽象的语言对所讲题目高谈阔论。至于讲了些什么,他自己认为是显而易见的,但却不知道不具有相关知识背景的听众理解起来会有多么困难。牢记“成功”六大原则——SUCCES一词,就可以避免“知识祸根”,从而使自己所讲的内容让人容易记住。

这里有个例子,可以说明留存持久、有力的言语和枯燥无力的言语之间的区别。以下两句话意思相同,其中一句你肯定很熟悉。

“我们的任务,是通过团队革新和航天战略计划部署成为世界太空业的先驱者。”

“……把人送上月球并在10年后安全返回地面。”

第一句话听起来像是当今某个首席执行官(CEO)说的,理解起来很困难,更别说让人印象深刻了。第二句话其实是J.F.肯尼迪在1961年作某个演讲时说的,体现了上述六原则的应用。这句话激励了一个国家为航天事业的发展而努力,从而改变了整个世界。肯尼迪,或者说至少是他的讲稿撰写人,非常清楚,抽象的话语是无法令人印象深刻从而受到激励的。但是现今又有多少CEO开口不是“使股东的利益最大化”之类的话呢?下文是对《为何有些想法吸引人,而有些则不行》一书中提到的六原则的小结。在我们阐述想法或构思包括培训、演讲等交流形式时,需要特别记住这六大原则。

第1节　如何培训,学员才会听

一、简单

如果每件事都是重要的,那就没什么是重要的了;如果每件事都须优先考虑,那就没什么优先权可言了。你要毫不留情地简化你的信息(不是过度简化),努力做到去其浮华,留其精髓。如果你尽力了,任何信息都可以用最精练的语言表达。你的培训想说明什么?这个问题的实质是什么?其意义又何在?

这些便是准备培训时所应考虑的。

二、意外

你可以通过使别人感到意外而引起他们的兴趣。让别人惊讶一下,那会令他们兴致盎然。但要维持这种兴趣,你需不断地激发他们的好奇心。最好的办法就是向他们提问或使其生惑,然后再解惑。使听众意识到他们在知识方面的一个漏洞,然后通过向他们提供解答或加以引导来填补这个知识漏洞,这就是解惑。这就好比你带领听众开始了一个探索之旅。

三、具体

不要使用抽象化的概念,多举些实例使所述内容具体化。希思兄弟指出,谚语就是个不错的选择。它能把抽象的概念具体化、简单化,同时有说服力、令人难忘。比如说,"一石二鸟"这个谚语,是不是要比"通过提高各部门的工作效率使生产力达到最大化"更加简化却更有说服力呢?肯尼迪的那句"送人去月球再返回"的话也是如此。具体、实在的事物容易使人联想和锁定其内涵。

四、可信

如果你在某研究领域有所作为且很出名的话,你就拥有内在的可信度,但现在看来,越来越不是这么回事。多数人并没有那种可信度,为了证明某一说法,就必须以事实说话。比如,为了证明我们是市场的领头羊,那么,就要列举出客观的数据来证明。希思兄弟说,单纯的统计数据并没多大意义,关键还要看其背景和内在含义。说话时要多用一些人们容易联想到的事物。比如,"5小时的电池时间"和"拥有足够的电量,使你从长沙飞往拉萨的途中用 iPod 无间断地观看你最喜欢的电视节目",这两种说法哪个更具可信度呢?建立可信度的方法有许多,比如,援引某客户或媒体的话语等。相反,长篇地赘述公司的历史只会使听众生厌。

五、情感

人是情感动物。仅仅向观众放一遍幻灯片课件是远远不够的。你还必须唤起他们的内心感受。使受训者真切地感受到你所讲内容的表述方法非常多,图片的使用就是其中之一。图片不仅能够帮助观众更好地理解所讲要点，还能触动他们的内心，激发其对所讲内容的情感体验。比如，当介绍汶川地震所造成的严重后果时，你可以陈列要点、数据，但是，记录灾后事发地混乱情况及人们痛苦表情的照片所取得的效果是文字、数据所无法企及的。一提到汶川“5·12”地震的字眼，人们脑海里就会产生一系列灾难性的画面，栩栩如生。人与人之间存在着情感维系，而不只是抽象的字符。如果可能，尽量使表达更加人性化。比如，“一百克脂肪”对你来说是个很具体的概念，但对其他人来说可能很抽象。而一张包括一大包薯条、两个汉堡包和一大杯巧克力奶昔的图片就能帮助人们理解“一百克脂肪”的概念了，进而唤起他们的情感体验。

六、故事

我们无时无刻不在讲故事，与人进行交流。除了使用语言讲述故事外，我们还可以通过艺术或音乐的形式与人沟通。在教与学中，故事伴我们成长。在很多企业，新员工刚入厂，往往都会由老员工“带徒弟”，从老员工那儿了解企业的历史、文化及如何工作等。老员工们使用的就是讲故事的方法。拿戴头盔为例，师傅们会说×××在工地没戴头盔而发生了惨剧，这样徒弟们一下子就记住了，每次去工地时都会记得戴上头盔。相比死板的条文条规，故事则更能引起人们的注意，并容易记牢。好莱坞、宝莱坞大片电影也罢，动画片电影也罢，为什么人们这么喜欢看电影呢？还不是因为其中吸引人的故事情节吗？那么，轮到聪明能干的故事狂热者做培训时，他们为什么不使用故事、案例或插图去论述问题，而偏偏选择晦涩难懂的话语呢？要知道伟大的创意和精彩的培训都是富有故事元素的。

第2节　课程围绕故事展开

在文字记录出现之前，人类通过讲述故事的方法使文化代代相传。是故事成就了今天的我们，而我们也是故事的一部分。故事中可以使用类比或比喻，把人们带进故事讲述者的世界，理解他的思想，清晰而具体。优秀的培训课必然包含故事。如今，杰出的培训师常常通过亲身经历去表达观点和看法。向别人解释一个较复杂的想法时，最简单的办法就是运用具体事例或故事进行论述。故事往往能够使听众留下更深的印象。如果你希望他们记住你所讲的内容，不妨多用一些有趣、精练的好故事或事例来强化你的核心思想，从而在他们的脑海中留下更深的印记。

一个好故事的开头往往清晰有趣；中间部分内容翔实，感人肺腑；结尾部分则简明扼要。我谈的可不是如何创作小说，但不管怎样，我所说的都是事实。还记得我之前谈到的纪实电影吗？那不就是在讲述一个真实的故事吗？它们不是简单地陈述事实，而是以故事的形式使观众仿佛置身于硝烟弥漫的战火、科学探索、海洋拯救大行动和气候变化等环境中。实践经验告诉我们，要想通过考试，就必须刻苦攻读教科书，可是，大脑却告诉我们那些课本太枯燥、太乏味，对于生存而言根本就微不足道和无关紧要。因此，大脑所关心的还是故事情节。

一、故事的真实性

我听过比较不错（但称不上完美）的培训，虽然培训语言和幻灯片设计平凡朴实，但效果却出奇的好。原因是培训师简明扼要地叙述了不少故事，以此去论证其观点，同时，在讲故事时自然放松，不拘泥于形式。因此，仅有各种思想是不够的，你还要用最真实的语言将其表述出来，使观众能够直观地感受到它。

最近，我参加了一个有某省旅游局主办的总经理培训班。培训师的幻灯片课件其实设计得很一般，而且他还犯了个错误，居然请了两位助手去配合他播放幻灯片。那两位助手好像不太熟悉幻灯片播放软件，总是放错幻灯片。每当这个时候，那位培训师就会耸耸肩，说，“呃，没关系，我想说的是……”他就这样将培训继续下去。他将自己执掌某酒店的失误及目前的成就娓娓道来，其中蕴涵的商业哲理远比一个工商管理专业学生在整个学期里学到的还要多，令人印象深刻、难以忘怀。

如果幻灯片课件设计得更好些，又没有出现错放的话，那场培训一定会更棒。但就在这种情况下，那位培训师居然能把培训做得如此成功，相信我，这在如今多数的培训课堂上实属罕见。那位培训师的成功可以归为以下四点：

（1）他对培训内容了如指掌，将要说的熟记于心。

（2）他站在了观众的正前方，以真切感人而又充满激情的表达方式进行交谈。

（3）他不受制于技术上的干扰。当幻灯片出现问题时，他能够保持冷静，继续自己的课程,牢牢抓住观众。

(4)他用真实故事情节或时而幽默的逸事来说明自己的观点。所有的故事情节既能打动观众,又能说明问题,对核心思想起到了支撑作用。

那位培训师之所以能够作出令人难忘、很具说服力的培训,关键在于它的内容很真实。他的讲述发自内心、充满感情,而不是像背书那样生硬呆板。我们不会凭着记忆去讲述某个故事,如果这个故事对我们意义重大,那么我们根本不需要去刻意记住它。如果故事是真实的,它们就会自然地存在于我们的记忆当中。凭借学识、通过研究或亲身经历之后,我们可以发自内心地讲述某个故事。把故事化为你内心的一部分,而不是简单地记住它们。你对某个故事相信与否是装不出来的。如果你不相信,你再怎么夸夸其谈,表现得再怎么激昂澎湃,都是毫无意义的。那些连你自己都不相信的事情,又如何去说服别人相信呢?如果是那样,你所说的只不过是一堆空话而已。

二、不只是信息

某一领域的专家历来都是炙手可热的人才,渊博的学识为他们赢得了不菲的财富。这在过去的确如此,因为那时,想要取得事实信息还是一件十分困难的事。但那样的时代已一去不复返了。当今时代,你只要轻点鼠标,大量信息就会扑面而来。拥有信息在如今已非什么稀罕事了。当今世界,更重要的是对信息进行整合,并赋予其含义和见解。毕加索曾说:“电脑很没用,因为它只会给出答案。”通过谷歌搜索引擎,我们的确可以获得日常所需的各种信息。但我们希望从眼前站着的培训师身上获得的,不是单纯的数据或信息,而是隐含于这些信息和数据背后的深刻含义。

请记住,如今我们生活的时代是一个人才辈出的时代。任何人,甚至是机器,都能向观众说出一长串信息或一条条事实。但这并非是我们最终所需要的。我们真正需要的,是那些充满智慧和情感的人去教导我们、激励我们,并使我们对所学的知识终生不忘。

故事往往就此展开。信息、情感,再加上视觉效果,三者相结合,便构成了一个个扣人心弦的故事。如果培训知识按照特定模式发布信息或者事实的话,恐怕如今也就不会有人抱怨“深受培训之苦”了。因为毕竟大多数培训都是遵循着固有的模式而进行的。如果培训的准备就是遵循某些模式或规定那样简单的话,我们又何苦自己去精心制作课件呢?何不把事实、数据和要点等统统粘贴到幻灯片上？这样岂不更省时、省力？事实上，很多培训师——失败的培训师确实如此。

然而，所谓培训，并非是培训师按照某一固定模式，将幻灯片上的内容诵读给听众。果真如此，何不取消培训？一封电子邮件不就都能搞定了吗？人们希望的是面对面的真切交流，希望由你将信息娓娓道来。

讲话的语气很重要，如果一个培训师以一种充满人情味的语调，同听众进行谈话式的交流，那么他一定会受到欢迎。人们为何会偏好那种语气？可能是由于大脑不是思维意识，无法分清接听或阅读他人的语言及与人交谈之间的区别吧。当你与某人交谈时，你通常会更投入，因为你需要参与其中。换句话说，你进入了角色。相比之下，那些毫无感情的照本宣科式的培训或书面语言，是很难让人始终保持注意力集中的，最多听数分钟而已。你需要靠思维意识不断地提醒自己，“振作一点，这个很重要！”但如果一个培训师是以自然、交谈的语气来做培训，你会感到十分轻松和惬意，也会更好地投入话题当中。

三、开场和结尾

精彩的培训开场是培训课程成功的一半；完美的培训结尾为培训课程画上一个圆满的句号。二者缺一不可。引人入胜的开场，可以用学习目的、小故事，也可以用提问开始；耐人回味的结尾，可以用总结要点、故事，也可以用小游戏结束，只要运用得当，都可以收到良好的培训效果。

1. 引人入胜的开场

良好的培训开场是培训课程成功的基础。在这个阶段，培训师要让学员对将要培训的内容有一个大概的了解，要引起学员对学习内容的兴趣，把学员的注意力集中到培训师身上来，建立起对培训师的依赖感。引人入胜的开场方法很多，在这里介绍三种常用的开场方法。

- 用培训目的开场。
- 用故事开场。
- 用提问开场。

以上三种为培训师所广泛使用的培训开场方式，各有其优势与不足之处。培训开场方式及其优势与不足，见表5－1。

表5-1　培训开场方式及其优势与不足

开场方式	说　明	优　势	不　足
用培训目的开场	开门见山，直切主题，以培训目的作为培训的开场	• 直接、明了 • 学员喜欢	• 较难吸引学员的注意力
用故事开场	以一个与主课相关的故事形式作为培训的开场	• 趣味性强，容易引起学员的兴趣	• 故事的选择要能引出主题
		• 能提高学员参与的积极性	• 故事要与课程内容密切相关
用提问开场	用提出问题的方式引出培训的主题和内容，作为培训的开场	• 能调动学员的积极性和参与性	• 学员的答案未必是您想要的
		• 能营造和谐的课堂气氛	• 引出正确答案的技巧性比较强

(1)开场的案例。让我们以西餐厅经理凯文的“为宾客点菜”培训为例，分析关于培训开场的方式与案例。用培训目的、故事及提问方式开场的案例，见表5-2。

表5-2　培训开场方式与案例

开场方式	案　例
用培训目的开场	今天我们要学习如何为宾客点菜，通过这次培训，我们能够掌握： • 准备点菜； • 点菜； • 推荐菜肴； • 推荐酒水； • 确认点菜单等技能
用故事开场	昨天，我们的常客李先生给我讲了一个故事：他点了一份纽约牛排后，我们的服务员对他说，“李先生，我们新到的澳大利亚白葡萄酒不错，您要不要试试？”李先生笑着说：“这种酒水推荐水平出现在你们这样的高档餐厅让人不可思议。还有上一次我问：‘最近有没有特色菜出来？’得到的回答竟是：‘我们的菜都是特色菜！’这可真让我哭笑不得哦！”听了这个故事，你是怎么想的？你是怎样为宾客点菜的？

续表

开场方式	案　例
用提问开场	你知道如何向宾客推荐菜肴既能满足宾客需求,又能提高宾客的平均账单水平吗?今天我们的培训"为宾客点菜",学习的就是这项技能……

(2)第一次培训课的开场。第一次培训课的开场直接关系到整个培训过程。好的开场,是培训成功的良好开端。学员一进入培训教室就在判断,此次培训是否值得,培训师是否具有职业水平。第一次培训的开场奠定着培训课程成功的基础,有着特殊的意义。第一次培训开场要考虑的要素及其说明,见表5－3。

表5－3　第一次培训开场要考虑的要素及其说明

要　素	说　明
第一印象	● 永远不会有第二次第一印象,必须重视第一次机会
	● 仪容仪表职业化
	● 个人卫生要讲究,人要整洁清新
	● 仪态自然大方
	● 态度热情具有感染力
	● 提前到达培训现场,准时开始上课
	● 上课前15分钟,与已到的学员随意交谈
培训师介绍	● 学员想要了解培训师的情况,因此培训师介绍必不可少
	● 可将培训师的简短书面介绍发给学员,以免占用培训时间
	● 他人介绍培训师较正式,但不易引起学员的兴致
	● 简要概括的自我介绍即给人很深的印象,也与学员建立了联系,调节了气氛
学员介绍	● 学员人数越少越有必要相互认识,人多不能逐一介绍,可用举手方式了解学员信息
	● 较短培训请每位学员自报姓名、单位和爱好;较长的培训也可做一些互动活动
	● 学员佩戴名牌或胸牌,帮助相互认识
	● 学员桌前放姓名卡,既有助于学员与培训师之间彼此相识,也有助于学员之间彼此相识,提供交流与互动机会

续表

要素	说明
气氛调节	•气氛调节有助于形成友好、合作、积极的氛围,有助于学员与培训师的相互了解
	•气氛调节有利于学员在最短的时间内进入角色
	•要保持控制权,先确定游戏规则
	•紧扣培训主题,达到培训目的
	•作为培训课程的"序幕",自然流畅地进入培训内容或主题

2. 耐人回味的结尾

一个好的培训结尾,不仅仅是为一节培训课画上了一个圆满的句号,更让学员对培训的内容回味无穷。耐人回味的结尾要能够总结课程主题和主要内容,确认学员对课程没有疑问,激发学员将所学知识运用到实践中去的动力。

(1)常用的培训结尾方式:

•总结要点结尾。

•故事结尾。

•游戏结尾。

无论使用哪种方式作为培训的结尾,都要根据培训内容而定。培训结尾方式及其优势与不足,见表5-4。

表5-4 培训结尾方式及其优势与不足

结尾方式	说明	优势	不足
总结要点结尾	课程结束时,复习课程要点和重点,结束课程	•加深学员对主题与培训内容的记忆	•较为平淡,缺乏创意
故事结尾	课程结束时,用一个发人深省或是有哲理的故事结束课程	•与培训开场相呼应 •引起学员的兴趣 •给学员一个思考和想象的空间	•较难找到切题的故事 •说明的问题要清楚才能达到目的

续表

结尾方式	说 明	优 势	不 足
游戏结尾	课程结束时,让学员做一个游戏或活动,再引导到主题或是培训内容的总结上,结束课程	•引起学员的兴趣	•较难掌控
		•激发学员的思维	•较难自然地引导到主题和培训内容的总结上

(2)结尾的案例。让我们继续以西餐厅经理凯文的"为宾客点菜"培训为例,作一个关于不同结尾方式的案例分析。不同结尾方式的案例,见表5-5。

表5-5 不同结尾方式的案例

结尾方式	案 例
总结要点结尾	本次培训我们学习了如何为宾客点菜,掌握了 •准备点菜; •点菜; •推荐菜肴; •推荐酒水; •确认点菜单等步骤。 回到工作岗位后,大家要将所学知识加以应用,在满足宾客期望值的同时,提高宾客人均消费额。大家还有什么问题吗?没有的话,培训到此结束。谢谢大家
用故事结尾	上周我度假回来搭乘的是日航飞机。我刚在座位上坐好,一位美丽的中年空姐就笑盈盈地端着装有湿毛巾的托盘跪在我面前请我用毛巾。我留意到,她们走起路来又轻又快,手里总是托着装有水杯的托盘,不停地询问乘客"您要喝水吗?您要喝水吗?"一直到飞机降落。据说日航的空中服务是最棒的。这次领教了,那就是乘客第一。我们的餐厅服务与她们的理念相比,差距在哪里?我们学了如何为宾客点菜,让我们从正确地为宾客点菜开始,提高我们的服务水平。大家还有什么问题?培训到此结束。谢谢大家的参与

续表

结尾方式	案　例
用游戏结尾	掌握了为宾客点菜的技能,我相信大家的表现会更加出色,让我们用一个手语游戏来鼓励一下我们自己。 我真的很不错,我真的很不错,我真的、真的、真的很不错! 我希望很快就能听到我们的宾客对我说:“你的学员真的很不错。”大家还有什么问题吗?好了,今天的培训到此结束,你们真的很不错。谢谢大家

四、不要包罗万象

我对《星球大战》系列电影的喜爱可谓到了如痴如醉的地步。在过去的记忆里,随着我不断了解乔治·卢卡斯在影片背后付出的创意和努力,我逐渐意识到,我们普通人可以从他这样的故事能手身上学到培训方面的许多知识和技能。培训,不就是讲述故事的绝好机会吗?

我搜集了近年来对卢卡斯的一些采访报道,特别是有关他谈及《星球大战》幕后制作方面的采访。他在采访中经常谈到,他们会疯狂地剪辑故事情节,以求将影片控制在两小时左右的长度。为此,他们要仔细校对每一幕,确保它们紧扣故事的主题。如果发现某一处是多余的,制作人员就要进行适当的剪辑。之所以要控制在两小时左右,出发点都是为了观众。

我们都有类似的经历,看到电影的某一场景后不禁会费解,这和故事情节有关吗?或许是因为导演认为那里运用了令人炫目的科技特效而没舍得将它删除掉,但这个理由根本站不住脚。聆听培训时,我们也会碰到不少培训师讲述一些与主旨毫无关系的内容,比如,列举无关紧要的数据、事实、图表等,而他本人却难以察觉。培训中之所以会出现多余的部分,也许是因为培训师对自己的作品感到十分自豪,想借机炫耀一番。但他们没有意识到,这些多余部分对培训的主旨根本起不到任何烘托和支撑的作用。

在构思故事时,要尽可能地做到简短有效。构思之后还要对所选素材进行适当取舍。有用则留之,无用则删之,绝不可手下留情!有时作出删除的选择十分困难,但必须这么做。

许多人不善于删除或修改他们的培训内容,原因是他们害怕,心有顾虑。

他们自认为培训中多传递一些信息不会有大碍，认为那是一种明哲保身之举，奉行"多总比少好"的主导思想。但这往往会导致时间上的浪费和过多信息的堆积。想要使培训覆盖方方面面，那几乎是不可能的事。这种想法实在没有太大的意义。不过是个培训而已，而且无论在培训中你提及多少内容，最后还是会有人说，"嘿，你为什么不说……"听众中总会有些苛刻的人，但是不要一味迎合他们，那样只会干扰你作出正确的选择。

设计、构思一堂紧凑的培训课并不容易，在这当中你不仅要列举简单而具体的事例说明问题，还要努力打动听众。但一切努力都是值得的。每一个成功的培训都有故事元素的存在。你的任务就是找出这些元素，然后对其进行组织，最后做一场令观众难忘的培训。

第三编
培训设计

第六章

培训方法和技巧的设计

本章要点荟萃

- 培训形式很重要，但形式不是装饰或点缀，而是为了尽可能简单明了、通俗易懂地与听众交流，并留下深刻印象。
- 培训要突出关键内容，以吸引受训者。
- 培训主题要明确，避免使用老套的培训模式。

曾经有机会和日本的商人打交道，发现他们经常采用一种"具体问题具体分析"的方法，讨论未来的方案或策略。为此，我感到十分迷惑和不解。因为换了我会迅速地给出具体而绝对的方案，而不会"具体问题具体分析"。但后来我也了解到，背景、环境及这种方法对于他们而言，有着举足轻重的作用。如今，我在讨论培训应该采用哪些技巧和设计方案时，通常也会说"视特定情况而定"或"取决于具体时间和场合"。我过去总以为这种想法不好，总给人有搪塞、规避问题之嫌。但现在我认识到了其重要性，觉得那其实是一个明智之举。如果不采取"具体问题具体分析"的方法，即不考虑地点、场合及培训的观众、内容等具体问题的话，我们又如何去判断它们是否合适呢？好坏就更难评判了。"设计"这门艺术是不能一刀切的，在这一点上，图形设计和科学研究一样。

尽管如此，在许多优秀的培训课堂中，我们还是能发现它们所共有的一般原则。培训课的方法和技巧有很多，限于篇幅我无法赘述。本章会集中谈一些重要的方法和技巧，并配合适当的实例加以说明。

酒店培训的方法多种多样，需视培训的目的与需求、培训内容与教材、受训员工层次与水平、训练时间、场地与人数等因素而选用。

培训的效果很大程度上取决于对培训方法的选择。采用合适的培训方法，可以提高受训员工的兴趣与注意力，并取得最佳培训效果，因此选择培训方法要讲究技巧。

第1节 培训方法的设计

一、在职培训的方法设计

1. 针对管理人员的培训方法

(1)工作轮换。让员工在相类似或稍高水平的工作岗位上分别工作一段时间，通过实际做某项工作来学会做这项工作。

对于酒店新上岗的大学生或重点培养对象（在他们提拔之前），可以安排在酒店的每个部门各学习一段时间，如，每个部门一个月，这不仅有助于丰富他们的经验，也有助于他们找到自己喜爱的工作。受训人员在酒店的相关部门工作后，掌握了该部门的运转情况，有助于日后工作的沟通和协调。

(2)"助理"方式。是培训和开发本酒店未来高层管理人员的重要途径，同时也是一种对员工的提升方法。酒店让有潜力的员工在一段时间内担任某职务的助理，让其对这一职务有更多的了解，同时也帮助他增加工作经验与培养胜任这一职务的能力。

(3)初级董事会。"初级董事会"，是指通过将管理人员受训者组成一个"初级董事会"，并让他们对整个酒店的政策，如组织结构、经营管理、部门之间的冲突等提出建议，将这些建议提交给正式的董事会。

成立"初级董事会"的目的，在于为有发展前途的中层管理人员提供分析整个酒店问题的机会。

(4)指导法。受训者直接与他（她）将要取代的人一起工作，而这个将被取代的人就负责对受训者进行辅导。受训者不承担经营责任，这样便为受训者提供了学习工作的机会。采取这种方法，可保证现任管理人员因退休、提升、调动、辞职等原因离开现在的工作岗位而出现岗位空缺时，酒店能有训练有素的人员顶上，也有助于酒店保证酒店管理人员的长期开发。

2. 针对一般员工的培训方法

(1)师徒制。由一经验丰富的师傅带一名或几名新员工,其主要过程为:

TELL YOU(告诉培训对象做什么);

↓

SHOW YOU(教培训对象怎么做);

↓

FOLLOW ME(培训对象跟着做);

↓

CHECK YOU(检查培训对象的工作)。

(2)员工发展会议。讨论酒店内不同部门、不同环节、不同岗位的工作特点及如何提高每个员工的工作绩效。

(3)指导法。酒店新员工上岗一般都会有某种陌生感和局促感。要让新员工感到自己就是酒店的一员,一个较好的办法就是给予个别指导。给新员工以专人指导,使之逐渐适应新的环境。专门指导者负责向新员工详细介绍酒店的各种设施;告知其更衣室、员工餐厅、员工图书馆、布草房的位置和各种员工设施使用的注意事项,以及将其他同事介绍给新员工等。

(4)操作示范法。餐厅服务技能,如,托盘、斟酒、铺台布、摆台、上菜、分菜、餐巾折花、酒吧调酒;客房服务技能,如,铺床、卫生清扫等实务都可使用示范法进行培训。一般由技术能手担任培训员,在现场向受训员工简单地讲授操作理论与技术规范,然后进行标准化的操作表演。学员则反复模仿实习,经过一段时间的训练,使操作逐渐熟练直至符合规范程序与要求,达到运用自如的程度。

二、脱岗培训的方法设计

1. 短期课堂学习

短期课堂学习,针对性强,内容安排紧凑,受训者能在短时间内获得大量信息。

2. 学历教育培训

酒店鼓励员工参加成人高考及夜大进修课程。专业涉及酒店管理及外语学习。

3. 酒店外各类会议

酒店外各类会议,如,年会、研讨会、行业会议、技术标准会等。

三、课堂培训的方法设计

1. 讲授法

讲授法,是培训师通过向学员口头讲授新信息,将抽象知识变得具体形象、浅显易懂。这是一个一次性向众多学员传播信息的有效培训方法。

讲授法属于传统的培训方法,是培训师最常用的培训方法,适合于所有的培训内容,也最能反映培训师的培训技能。讲授法的优势与不足,见表6-1。

表6-1 讲授法的优势与不足

适用范围	优 势	不 足
常用于理念性知识的培训	●运用方便,便于培训者掌握整个培训过程	●学员长时间被动接受灌输,可能会烦闷
	●向众多人士一次性传播信息,具有信息一致性	●很难确定学员对培训知识的掌握程度
		●学员对内容记忆有限
	●既适用于人数较多的大型培训,也适用于人数较少的小型培训	●单向沟通,反馈效果差,且效果取决于培训者的水平

有效使用讲授法授课的步骤如下:

●开始。阐明课程主题与要点。

●讲述。举例说明主题与要点。

●结束。总结主题与要点。

有效掌握和应用讲授法的技巧,培训师可以收到事半功倍的效果。讲授法的应用技巧,见表6-2。

表6－2　讲授法的应用技巧

步　骤	技　巧
准备讲授	●事先了解培训学员情况，包括知识、年龄、职位及培训需求等，在讲课中有意提及
	●把授课内容以讲义的形式事先发给参加培训的学员
	●将培训教室布置得具有吸引力，学员座位舒适，环境宜人
讲授	●使用音像资料
	●使用幻灯片或电子演示文稿
	●使用白板或翻页板
	●适时走入学员之中，与学员进行目光交流
	●音量适中偏大，响亮的声音富有感染力
	●语速略偏快，引人思考
	●始终与所有学员保持目光交流
	●分段授课，中途适当休息
讲授之后	●收集学员对讲授课程的意见，酌情予以改正
	●总结讲授经验与不足，以便于提高讲授水平

2. 视听技术法

通过现代视听技术，如电影、闭路电视、录像、多媒体技术等，对员工进行培训。

要求：

(1)事先提出问题，让受训者带着问题看(听)视听资料。

(2)事后开展讨论。

优点：运用视觉与听觉的感知方式，直观鲜明，学员易于接受。

不足：制作成本高、学员反馈与实践较差、内容易过时。

适应范围：介绍酒店概况、部门工作流程等。

3. 案例分析法

案例分析，是对要求学员作出决策或是解决问题的真实性或假设情况的说明，可长可短。学员可单独也可分组讨论作出决策或解决问题。所要作出的决策或解决的问题，或复杂或简单，答案不定，有多少学员或小组参与就可能有多少种答案。案例分析的优势与不足之处，见表6－3。

表6－3 案例分析优势与不足

适用范围	优 势	不 足
酒店基层以上管理人员的培训	• 允许学员积极参与	• 信息要准确，案例要真实
	• 能够提出全面分析和解决问题的方案	• 学员需要足够的课上时间来完成
	• 解决那些无论是复杂还是简单的问题	• 讨论时学员可能会跑题
	• 可以获得各种开放式的答案	

有效使用案例分析法的步骤及其应用技巧，见表6－4。

表6－4 案例分析法的步骤及其应用技巧

步 骤	技 巧
准备案例	• 根据培训目的准备案例
	• 案例要真实，源于生活或工作
	• 考虑使用音像或准备案例
	• 准备案例分析讨论的问题，这些问题要能够激发学员参与的积极性
案例分析	• 对学员进行分组，鼓励团队解决问题
	• 引导学员阅读案例、分析问题并提出解决方案
	• 促进学员间的互动，鼓励多种解决方案的出现
	• 始终观察各小组的进展情况并适时进行引导
案例分析之后	• 检查各组案例分析的结果是否达到培训目的
	• 回答学员提出的问题
	• 总结案例分析的结果

4. 角色扮演法

设计一个最接近现状的培训环境和一系列尖锐的人际矛盾和人际冲突，要求受训者扮演某一角色，利用“情景置换法”进入该角色去处理各种问题和矛盾，看受训者是否符合角色的身份和素质要求，使他们真正体验到所扮角色的感受与行为，以发现和改进自己的工作态度和行为表现，从而提高自己积极面对现实解决问题的能力。

在酒店中，人际关系上的感受常因所担任的职位不同而异，如，主管与下属之间，销售人员、服务员与客人之间，领班与服务员之间，由于所处的职位不同，角色各异，其感受与态度也常常不同。如，下属总觉得主管管制过严，主管总觉得下属不够勤奋，销售人员、服务人员总觉得客人过于挑剔，客人总感到服务员不够礼貌及缺乏耐心。为了增进对对方情况的了解，培训可采用角色扮演法，特别是让服务员扮演客人的角色，进入模拟的工作环境，让服务员亲自体验作为客人的感受，以客人身份评论服务员的工作表现，获得对客人需求的理解，进而改善与客人的关系，达到提高服务质量的培训目的。

角色扮演法的优势与不足，见表6－5。

表6－5 角色扮演法的优势与不足

<table>
<tr><th>适用范围</th><th>优 势</th><th>不 足</th></tr>
<tr><td rowspan="4">人际关系能力培训</td><td>•学员能够体验真实或夸张的现实场景</td><td>•用较多的时间去理解看起来很简单的问题</td></tr>
<tr><td>•体验所扮演角色的特别感受</td><td rowspan="2">•花费较多的时间准备场景、解释人物背景，得到学员的正确理解</td></tr>
<tr><td>•给学员一个站在他人角度看问题的机会</td></tr>
<tr><td>•学员在互动、愉悦的情景中学习与练习</td><td>•有些学员可能会因羞于表演而抵制参与</td></tr>
</table>

在组织角色扮演时，如果有剧本的话，要人手一份。演员由学员自愿产生，其他学员做观察员观看，培训师讲述剧情、说明场景。演员表演，观察员提供反馈意见。

角色扮演的关键，是培训师对课堂气氛的把握，要表现出良好的组织才能，鼓励而不是为难学员。角色扮演法的步骤与应用技巧，见表6－6。

表6-6 角色扮演的步骤与应用技巧

步骤	技巧
说明场景	●培训师提供场景资料,说明为什么要进行角色扮演
	●把角色扮演的内容与培训目的联系起来
	●为角色扮演规定时间
	●可使用讲义提供场景资料
角色扮演	●征求自愿报名参加者
	●为参加人分派角色与任务
	●为其他学员分配观察任务,最好提供检查表,学员可根据表中要求进行打钩
	●对表演进行适时指导或鼓励,使之正常进行
	●掌控时间
表演结束	●听取参加表演学员的体会与感受,并引导其得出正确结论
	●听取观察员的体会与感受,引导其得出正确的结论
	●把角色扮演的收获与培训目的相结合进行总结
	●感谢学员参与

5.示范操作法

示范操作时,培训师向学员示范所教授完成工作任务的正确步骤或做法。示范操作法特别适用于技能培训。这种方法要求培训师对所示范的工作任务能够熟练地、步骤清晰地完成操作过程,并引起学员对其完成技能的赞叹。示范操作法的优势与不足,见表6-7。

表6-7 角色扮演的优势与不足

适用范围	优势	不足
小型集体技能培训和"一对一"技能培训	●调动学员视觉因素,有助于理解和记忆	●工作步骤与做法要确切并与学员的学习直接有关,需要时间准备
	●引起学员的兴趣	●培训师示范操作时,由于学员所处的位置不同,可能不是所有人都能看得很清楚
	●为学员树立一个效仿的榜样	

借助音像资料与多媒体设施的示范操作效果不错,但培训师须注意将观看解说及操作结合使用。在必要的讲授、播放部分演示内容后,给学员亲自动手练习的机会。要让每位学员有实际动手练习新技能的机会,对学员的练习提出意见。在操作过程中要提供指导,还要允许学员提问。要求培训师有熟练的操作技能。示范操作法的步骤与应用技巧,见表6-8。

表6-8 示范操作的步骤与应用技巧

步骤	技巧
示范操作之前	• 展示"样品",引起学员的兴趣,如,学习餐厅摆台时,先摆好一个标准台面等
	• 对总体任务加以说明,因为所示范操作的内容可能只是总体任务中的一个部分
示范操作	• 介绍示范操作的程序、步骤及要点
	• 以正确的速度示范操作一遍,边示范操作边进行解说
	• 放慢速度示范操作第二遍
	• 让学员动手练习,角色互换,由学员边讲解操作程序与步骤,边示范操作
结束	• 表扬学员的进步,纠正学员的错误之处,提供积极的反馈
	• 收起示范操作的用品和设施,将其看做是示范操作的一部分
	• 再次强调操作的要点,复习培训目的,结束示范操作培训

6. **情景模拟法**

情景模拟法,是一种模拟现实生活中真实情况的培训方法。受训者在模拟工作岗位上的决策结果,可反映其在实际工作中,将会发生的真实情况。

[情景模拟Ⅰ]

晚餐时间。烛光餐厅,一位小顾客在其父母和值台服务员都没有注意的情况下,把汤汁撒在光洁的过道上。这地方接近你的工作区,你该怎么办?

(1)赶快在有汤汁的地方放上一张椅子或其他障碍物,以免客人滑倒。

(2)立即通知楼面清洁工来擦洗干净。

(3)那不是你的工作区,但发现后及时把这一情况通知该区域的值台员。

(4)站在被污染的地方旁边,劝告顾客和同事小心,同时设法通知最近的清洁工来处理。

答案:

酒店业最基本的要求是安全和卫生。在这一事件中,顾客和同事的安全受到了威胁,就应立即采取措施,因此不能等你去通知清洁工后再来处理。另一方面,如果你大声要求顾客注意地上有小孩撒的汤汁,那会使小孩的父母难堪,把椅子或其他障碍物放在那儿也不是最合适的选择,因为椅子可能回被人移动,别人也可能绊跌。如果你选答案(1)或(3),那都是对的。

[情景模拟Ⅱ]

你的一位常客来餐厅,没看菜单就要了份常吃的菜,结账时他说:"你多算了钱。"你把菜单递给他看,价格是最近调整的。这时,他很尴尬,并且有点生气。你说:

(1)"先生,真对不起,我只是服务员,价格是由我们经理定的"。

(2)"真对不起,您不知道调价的事,都怪我没提醒您"。

(3)"真对不起,没告诉您调价的事,但我们这次可以作为特别优惠,按老价格收费"。

(4)"让我去找经理,因为您是老主顾,经理可能会让您按老价格付款"。

答案:

菜单的价格调整,特别对老主顾来说是件麻烦事。对此,你是无能为力的。如果你提醒他,你可能会听到"我付得起"的反驳。因此,你的回答一定要不使顾客产生对立情绪或感到尴尬。你不能擅改账单,因为价格是管理部门制定的,你也不能让经理给这名顾客优惠价,这样会使顾客和经理都为难。所以最好的解决方式就是(2),把错揽在自己身上,说明没让顾客注意价格的调整,承担责任可能赢得客人对你的赞扬。

7. 沙盘游戏法

游戏,是一种在培训过程中常用的辅助方法。游戏的宗旨是通过游戏本身的趣味性、启迪性、改变培训现场气氛,提高学员的参与意识,引导学员思考,从而达到传授知识、提高应变能力、改善工作绩效的目的。游戏是一种高度结构化的活动方式。它由两个或更多的参与者在一定规则的约束下相互竞争达到目的。其最大的特点是模拟出各种不同情况下出现的各式各样的技术问题、管理问题等,使受训者如同亲临其境,较快地提高分析问题和解决问题的能力,提高管理人员的决策能力、指挥能力和组织能力。由于游戏的竞争性目标和趣味性特点,常常能激发人的兴趣和学习积极性,因而它能使参加培训的人全身心地投入培训之中,致力于追求一种愉悦的学习方法,并且坚定不移地追求一个目标——最佳的学习效果。

(1) 游戏的优越性:

• 游戏可帮助受训者吸收、提炼培训内容。人的潜意识对学习内容的吸收影响很大,精彩的游戏活动会给学习者带来难忘的深刻记忆。这种记忆必然会加深学员对培训内容的掌握,从而促使学员行为更加符合企业的标准和目标。在游戏中,受训者参与其中,并且通过互动学习和探讨,让学员能够深刻体验培训的目的和意义,从而将学习目的提升到人的潜意识行为,而且,适当的活动可以刺激身体,也可以让大脑更加兴奋,不但可以克服懒散,还可激发身体中潜在的活力,使学习过程变得更放松而高效率。此时。培训者所做的工作不是给予,而是协助学习者去发现自身的体会和感悟。现代人不喜欢被人说服。人们喜欢认为自己是正确的。游戏所做的就是引导,引导人们去发现。这样,培训的效果也就达到了。

• 游戏可以提高受训者的积极性。在学习上,成人和儿童之间的最大差异,是成人把本身丰富的经验带入课堂和研讨会。这虽然有助于学员理解培训内容,但经验也会束缚想象的空间、排斥新知识。换言之,成人对新知识的吸收有时会显得更艰难。在培训过程中适当采取游戏的方式,则可通过一些带有趣味性、风险性的活动,让学员体会趣味性的愉悦和战胜挑战性的成就感。认识到个人的潜力,感悟到新的理念,从而提高其面对工作中新挑战的自信心,并对培训产生积极的影响。

• 游戏有助于团队精神的培养。积极的学习环境、学习者之间的合作、学习者的完全投入、良好的情绪状态、在情景中学习,这些都有利于潜意识的吸收和记忆。而持久的记忆将更深刻地渗透到新的行为和能力中。由于这种渗透,受训者的个人学习行为就能转化为岗位上的工作行为,而这种行为必将影响到团队表现,尤其是培训游戏经常以小组活动的方式进行,同甘共苦、团结互助的经历,对提高团队精神和合作意识具有积极的作用。

• 游戏有助于受训者之间的交流。在游戏培训团体中,人们可以从他人的发言、举止中,真实地接触到各种各样的观点,从他人处理问题时的认知状况和行为模式得到某种启示和模仿的效果,从而修正自我的语言、行为,起到相互促进和交流的作用。

• 游戏有助于学习型组织的创建。创建学习型组织，其实是创造一种文化。首先，是大家愿意共同参与；其次，是无拘无束的坦诚交流，目的是用群体智慧去弥补个体独立思考之所不能，从而探寻出较可行的解决方案。这种文化是民主，是相互间的包容。创建这种文化需要训练、需要制度保障，也需要大家对规则的共同遵守。游戏作为一种强调规则和配合的活动，对于引导学员行为的改变和学习型组织的建立都是非常有帮助的。

（2）培训游戏的实施。游戏效果的提高，不只是选择游戏内容的问题，游戏的实施方式也非常重要。一般来说，游戏实施的主要步骤是：

• 设定游戏目标。为避免学员"为了做游戏而做游戏"，培训者要事先设定好游戏的目标，并把这一目标在游戏进行之前就明确地告知学员，让他们"有备而做"。

• 设计适合的讨论问题。通过游戏让学员发现或意识到某些知识点的运用是游戏的目标，而这些知识点，学员有时候能够清楚地感觉并表达出来，但更多的时候是需要培训师通过一系列问题将知识点引导出来的。所以，对问题的设计，须涵盖要求掌握的知识点，同时有一定的层次性，能对学员进行一步步引导或启发。

• 有效控制游戏过程。游戏中如何在短时间内组成一个团队来完成一个共同的目标。这个团队如何有效地进行分工，并统一行动等问题都会影响培训的效率和效果。因此，有效控制游戏过程是保证游戏目标实现的根本。这一环节，培训者须主要控制好以下三个方面：时间把握、规则控制和结果分析。

第2节 化解课堂棘手问题的设计

在培训过程中，经常会出现一些培训师预料之中或预料之外的特殊情况。这些情况的出现需要培训师沉着应对、妥善解决。如果处理不当会影响学员的参与，也会影响培训的效果。这就需要运用专业技能来应对的"特殊情况"。我们称之为"应对特殊情况的技能"。妥善应对这些"特殊情况"是培训师的基本功之一。有经验的培训师对这些"特殊情况"会有所准备，即对课堂棘手问题的设计，以求处事不惊，应对自如。新培训师如果对这些情况准备不足，会感到惊慌失措，难以应对。因此，有备无患是关键。

一、应对来自培训师自身的特殊情况

在众多“特殊情况”中，有几种来自培训师自身的特殊情况会不时地发生，几乎所有的培训师都会经历到。然而，如果您有充分的准备，这些特殊情况就不再可怕，只要处理得当，还会显示出培训师的机智与素质。当这些特殊情况出现时，对培训师来说，最重要的是：

- 接受并勇敢地面对这些情况，不要有心理负担。
- 保持冷静与风度。
- 未雨绸缪，虽然这些风险不能完全消除，但可尽力将风险最小化。

在来自培训师自身的特殊情况中，紧张、出错、忘词、被问倒、准备不足等，是经常出现，也是最让培训师头痛的情况。来自培训师自身“特殊情况”的表现及应对策略，见表6－9。

表6－9　来自培训师自身“特殊情况”的表现及应对策略

<table>
<tr><th>特殊情况</th><th>表现形式</th><th>应对策略</th></tr>
<tr><td rowspan="3">紧张</td><td rowspan="3">• 在培训中因为莫名的原因，突然紧张起来</td><td>• 保持镇静，低头翻翻讲义，以调整情绪</td></tr>
<tr><td>• 转过身去，喝口水，放松一下</td></tr>
<tr><td>• 转身到白板或翻页板前，查找前面写下的内容，以放松自己</td></tr>
<tr><td rowspan="4">出错</td><td>• 叫错学员的姓名</td><td rowspan="2">• 向学员表示歉意：“对不起，”“不好意思”。</td></tr>
<tr><td>• 说话用词不当</td></tr>
<tr><td rowspan="2">• 板书写错字，引起学员的哄笑</td><td>• 请教学员正确的说法：“这个意思该怎样表述呢？”</td></tr>
<tr><td>• 请教学员正确的写法：“比翼齐飞的‘翼’字是怎么写的呢？”</td></tr>
</table>

续表

特殊情况	表现形式	应对策略
忘词	●由于某种原因,突然忘词。教室里寂静下来,脑子里一片空白,一个字也想不起来	●嘴上说:“好的”或是“OK”,手上翻看讲义,找到要点(培训毕竟不是演出,忘了词,大可看看讲义上的提示)
		●提问学员“我刚才讲到哪儿啦?”让学员给自己提示
		●接着讲下面的内容,忘了所准备的词,并非什么大事,跳过去也不会有太多的影响,等到想起来了,还可以把话题再转回来
	●板书时,一时不知道某个字该怎么写	●用一般提问式,向全班学员求助
被问倒	●学员突然提问,一时不知道该如何回答	●用“转向式提问”的方法将提问转给学员:“这个问题提得好,谁来回答一下呢?”
	●因为自己确实不知道答案而紧张	●用“稍后再回答”的方法,以后再回答:“这是一个值得思考的问题,我们课下交流。”
突发事件	●忽然咳嗽、打喷嚏、打嗝或喝水呛到了	●这是自然现象,但应向学员道歉:“对不起”
	●流眼泪,流鼻涕	●用纸巾擦去眼泪或鼻涕,并向学员致歉:“对不起”
	●不小心摔倒在地或碰到桌角上,疼痛难忍	●迅速恢复原状,并为此而致歉:“没关系,让我们继续吧。”也可以用幽默的口气自我解嘲:“我为你们而倾倒,也付出了疼痛的代价。”

二、应对来自学员方面的特殊情况

来自学员的特殊情况，是指由于个别学员引起的影响培训正常进行的情况。

所有的培训师，甚至那些具有丰富培训经验、掌握高超培训技能的培训师，也会遇到这样的情况。

1. 学员对培训的参与程度

当学员积极参与培训过程时学习效果最好。来自学员的特殊情况就是由学员的参与程度引起的。由于学员的文化技能水平、性格、受教育程度、参加培训的意愿及心态的不同，对培训过程的参与情况也有很大区别，参与过多或过少都会导致特殊情况。

如果学员参与过多，太活跃，既影响其他人参与，也占用太多的时间使课程不能如期完成，如果学员参与过少，太沉默，便无法体现学员个体与团队之间的关系价值，培训师也无法确定学员对课程知识点的掌握程度。

学员过多或过少的参与并非是针对培训师的，也不是对培训师怀有敌意。过度活跃的学员或许只是太热情或对课程信息太兴奋，而过度沉默的学员或许只是不好意思在大庭广众之下表现自己。

2. 对学员参与的应对策略

作为培训师，当出现学员参与过多或过少的特殊情况时，要采取措施，消除学习障碍，掌控使学员达到培训目标的培训环境。学员类型、表现形式及培训师应采取的相应策略，见表 6－10。

表 6－10　学员类型、表现形式及应对策略

学员类型	表现形式	应对策略
沉默型	• 不参与，不发言	• 邀请其参加讨论活动，如在角色扮演中分配一个简单的角色
	• 甘心只做听众	
	• 面露清高或羞涩的样子	• 重复所提问题后，请其回答
		• 对其发言表示赞赏和感谢
		• 在分组活动中，不要把沉默型的学员都分在一组，要与表现型学员搭配分组

续表

学员类型	表现形式	应对策略
表现型	• 总是想表现自己，总是抢着发言 • 认为自己什么都知道，喜欢辩论	• 不再继续邀请他们发言 • 避免与他们目光交流，不给他们说话的机会
		• 在其发言停顿时，表示感谢，然后邀请其他学员发言
	• 垄断了讨论，让其他学员无法参与，从而引起其他学员的反感	• 可以请他们帮忙做些如记录或整理意见的工作，让其“忙”于“工作”而没有时间干扰讨论
捣乱型	• 交头接耳开小会，但不参加讨论	• 邀请他们参加讨论活动：“×××，和大家一起讨论好吗？”
	• 开小会的内容与培训内容无关	• 用目光注视他们，直到他们停止开小会，然后说：“谢谢！”
	• 影响了别人	• 走到他们的身边或是站在他们身边授课，以对其行为加以阻止

三、应对外界的特殊情况

除因培训师自身原因和来自学员的特殊情况外，在培训中还会发生一些其他的特殊情况。如，培训设施出了问题、空调出了问题、培训教室的外部环境干扰等。面对这些情况，培训师该如何处理呢？

其他特殊情况的表现形式及应对策略，见表 6－11。

表 6－11　其他特殊情况的表现形式及应对策略

特殊情况	表现形式	应对策略
设备失控	●已经测试好的投影仪不工作了	●请培训师助理或是工作人员帮助解决
	●经过测试的电脑与投影仪的链接出了问题	●想办法改变授课方式,脱离对投影设备的依赖
	●麦克风失控,传不出声音	●更换电池或请工作人帮助处理,想办法继续授课
环境干扰	●空调失控,停止制冷	●通知工作人员维修
	●旁边的培训室提前下课,喧哗声传来	●关上门窗,或提前休息
	●隔壁房间传来电锯声,原来正在搞装修	●临时休息,请他人帮忙协调解决,尽快恢复上课

第七章

培训范例

本章要点荟萃

- 培训,要突出关键内容,以吸引受训者。
- 使用高质量的多媒体课件。
- 用最少的元素资源获取最大的效果。
- 留白……

本章中,我将向大家集中展示某酒店管理集团针对管理层的系列培训课程,以供各位参考和讨论。课程中涉及的案例、课件并非无可挑剔。由于无法亲临演说,因此我们只能从课程设计的角度,即以他们是否遵循了基本设计原则为评判标准。至于培训师拿着这样的课件和脚本,能否出色、高效地去"表演",则因人而异无从知晓。

培训师所设计的幻灯片课件要能吸引观众的眼球。课程中与之分享的案例要能引起观众的兴趣,并将案例真正融入自己的培训。同时,还应确保案例的内容清晰、通俗易懂。如果需要停下来解释某些专业术语或复杂图标的话,设计时一定要有逻辑性,步步推导以方便观众理解与认识。简约、自制和协调的原则应是课件设计关注的重点。培训师的目标不是把课件设计得"好看而炫目",而是将课件内容清晰地传递给观众。

需要说明的是,本课程是"品诚酒店管理公司"针对酒店管理层设计开发的系列课程。其内容包括管理人员自身角色定位、激励员工、有效沟通、维持标准等多项通用综合能力课程。本章将节选其有关管理人员自身角色定位及能力要求的课程内容。

第1节　课程设计

管理者角色定位

题　目	步　骤	供参考的评论/笔记
开场白 (1分钟)	● 欢迎学员参加培训，培训员先自我简介	
破冰 (20分钟)	● 破冰游戏：私家大侦探(制作名卡)	● 见游戏文档中的破冰游戏
管理者角色定位(5分钟)	● 放映投影：  “造人先于造物” 经营之神—松下幸之助 (1884－1989)	● 松下幸之助：日本著名企业家，1918年创建松下公司，在其70多年的经营管理生涯中积累了大量的宝贵经验。其管理理念备受世人重视，因此被尊称为“管理之神” ❓各位如何理解“造人先于造物”这句话？ ● 提问3～4名学员
	通过刚才的问答，大家都意识到人是最重要的。因此，作为管理者，我们工作的重点是人。 ❓你们猜，对于一个成功的管理者而言，百分之多少取决于他的带人技能；百分之多少取决于他的具体操作技能？	● 卡耐基科技学院——美国以研究为主的一流重点大学，2007年全美大学排名居21位。学院由工业家兼慈善家安德鲁·卡耐基于1900年创建。该学院的统计学居世界领先地位。据他们的统计：一个成功的管理者，75%取决于他的带人技能，仅25%取决于他的具体操作技能。也就是说，决定一个管理者能否成功的因素，主要在于他的“带人技能”。

续表

题 目	步 骤	供参考的评论/笔记
管理者角色定位(5分钟)	●放映投影: 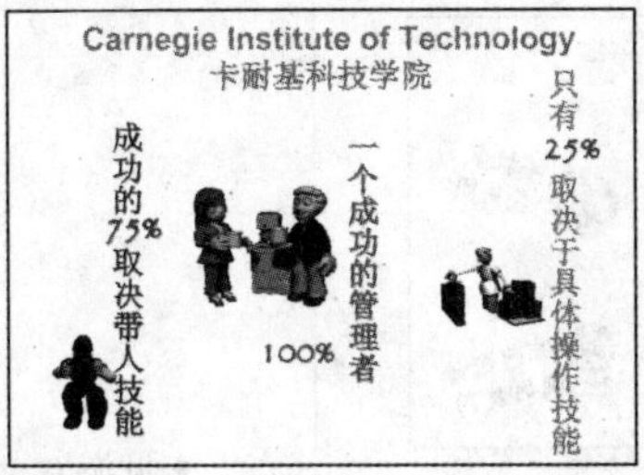 	●在座的各位都是管理者,无论你是领班,还是部门经理、总监,除职责范围不同外,有一点是共同的,即我们都面临“带人”的挑战。而能否“带好人”,又决定了我们是否是一个成功的管理者。接下来,我们就与各位分享如何提升“带人”技能
介绍培训目标(1分钟)	●放映投影:  	
发放学员用书(5分钟)	●培训员简介带人“七大秘籍”的名称 ●请一个学员朗读“对我们有什么好处?”	●学员用书目录
介绍培训目标(1分钟)	●放映投影: 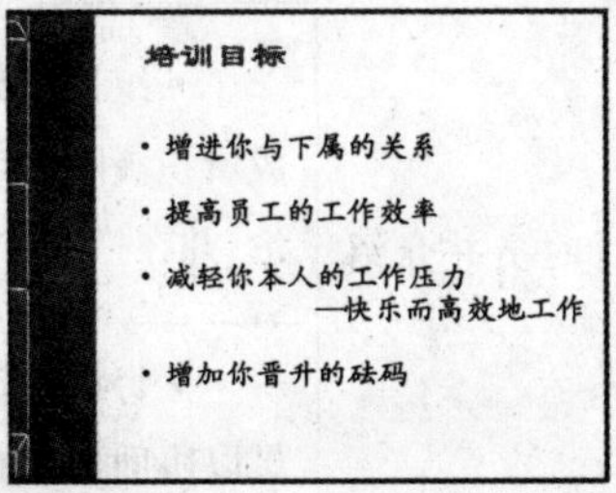 	

续表

题　目	步　骤	供参考的评论/笔记
介绍培训注意事项(1分钟)	●放映投影:  	
介绍学员用书、规则和评分标准(5分钟)	●放投影: 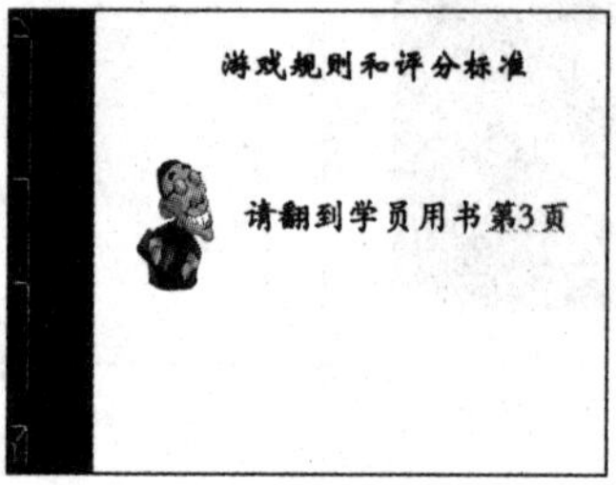 	●培训师介绍培训背景并强调以下要点: (1)自己独立思考找出答案 (2)积极参与小组讨论向其他人学习 (3)将专家秘籍写入"吾明矣"
		●培训师介绍评分办法并简要介绍计分表的使用
		●培训员强调得分高低并不重要,而通过大家的讨论、总结学到的东西才是最重要的
分组(5分钟)	●分组 ●选出组长及计时员并介绍其职责	●可采用报数法分组法
		●组长职责:鼓励每一名小组成员积极阐述自己的观点,参与讨论,并在指定时间内完成讨论
		●每组指派一名组员做计时员以协助组长在指定时间内完成讨论

第2节 讲义设计

喂(Hello)! 你是否真的准备好坐上这个位置了?

(1)这个职位真是你想要的吗?

作为一名酒店业(服务行业)的督导,确实能够提供你想在工作中找到的责任、挑战和自我实现吗? 还是被压抑了这么多年,终于熬到了头儿?

(2)坐上这个职位的代价是什么?

- 或许你的总收入比员工还少——没有小费和加班费。
- 工作时间长,周末别人玩的时候,你得工作。
- 责任没有止境,很容易有挫败感。
- 你处于麻烦的中心:

——老板对你说:“我要你降低食物成本和劳动力成本。”“我要你把这儿收拾干净。”

——员工对你说:“礼拜五晚上我不能来,这不是我分内的事。你另找别人吧,不然就再加点钱。”

——顾客对你说:“饭菜是冷的,服务太慢,价格又这么高!”

——家人对你说:“你从不回家,我们从来没有机会一起出去玩。节假日你反倒最忙,从来不能跟我们团聚。”“你从来没有时间辅导孩子做功课。”“你上班已经吃过工作餐了,为什么回家还让我给你下面条?”

- 你看似每天都在跟人打交道,而实际上干的却是一份最孤独的工作。

(3)为了这个位置,值得这么付出吗?

工作本身令你感到满意和充实吗?

作为一名专业的酒店人又是一名普通人,你能得到学习和成长的机会吗?

这条路是你要走的吗?

你是否有强烈的愿望——成为一名酒店职业经理人。你愿意为此付出相应的代价吗?

是的(Yes)! 你准备好了! 或没有办法,别无选择,你已经被推上这个位置了!

好的(OK)！先把烦恼丢到一边儿，放轻松(Take easy)，跟我们来做游戏吧！在这个游戏里，你可以扮演不同的督导角色，完成这个游戏，就可以掌握作为一名督导或管理者所需要具备的“带人”技能了。

督导角色定位

现在的你，化身为一名五星级酒店的中餐厅主管，你的名字叫大伟，五官端正，身材匀称。其实只是在三周前，你才刚刚从资深服务员的位置上提拔到了这个岗位。你一直勤勤恳恳、认真负责、忠于职守，因此，这次提升对你来说，是理所应当的。你既在厨房干过，打过杂、洗过碗；也在前场做过，传过菜、做过服务员，对整个运作了如指掌，而且跟同事关系也非常好。所以，你非常自信，新岗位对你来说一定能够拿下！

接手这项工作时，你就下定决心，不能忘记以前作为一名员工的遭遇。你那时的经理对员工总是呼来喝去，总是对大家的工作提出批评。每个人都恨死他了！你和你的同事经常在私下诋毁他。你决定不用他这种怒气冲冲、操练军队式的管理方法。你要以友好、轻松、乐于助人的姿态出现，而你的下属肯定会以出色的工作回报你。

但是，情况好像不太妙！跟你想象的不太一样。几名服务员越来越不注意制服的整洁，头发开始凌乱，不带发网。其中小李还好几次迟到，你自己不得不在她迟到的时候顶替她的工作。最后你终于忍不住和她谈了这个问题，可她告诉你，她丈夫原来每天开车送她来上班，但最近吵架了，还闹离婚，心情很糟糕。你明白了她迟到的原因，有点同情她吧，还怎么对她发脾气呢？

此外还有一个麻烦的人，本月专门负责在餐后清点布草的老张，时常不能按规定要求的时间把收尾工作做好，好几次都是提前走，让几个新来的员工来替代他的工作。这两天已经有几位员工向你投诉。今天晚上，你帮他一起清点布草，顺便套套近乎，跟他聊聊，但是他却大发雷霆。你这时是不是有点丈二和尚摸不着头脑？

这时，你的好朋友，厨师长老刘在一旁看见了，笑着对你说：“嗨！兄弟，这样下去可不行，得聪明点！”然后去烤箱拿他的烤鸡去了，顺便，当着你的面就开始点了一支烟。

这些案例给你的启发是什么？你觉得从“员工”到“督导”，你的立场该转变吗？具体该转变些什么？

是的(Yes)！你真想当一名好的督导吗？哪些秘籍你想从我这里拿走？

是吗(Yes)？你确定自己就要这些秘籍。它们有这么重要吗？为什么？

第3节 培训师笔记

督导角色定位

1. 开场白

• 表示欢迎(对学员基本情况做个大致介绍,让学员彼此心中有数,也表示培训师对大家的关注)。

• 自我介绍(先介绍醒目的题目,把自己的名字放在后面讲,因为别人可能不会记住你的名字,但很可能记住你的工作,如果你的标题够有趣,尤其当我们用了有噱头、够雷人的标题后,以此来冲击别人的第一听觉)。

• 学员自我介绍(用破冰游戏作为暖场热身)。

• 分组,选出组长。

2. 课程介绍

• 请学员打开培训用书。

• 介绍课程背景。

• 让学员做"喂(Hello)！你是否真的准备好坐上这个位置了?"

3. 游戏规则介绍

(1)阅读游戏规则。

(2)介绍评分标准。

4. 宣布游戏开始

5. 朗读第一个故事

6. 个人思考,写出答案

7. 小组讨论并作出小组结论

8. 揭晓答案

9. 小结——立场要改变

(1)自己在做好督导工作的同时,带领、影响大家一起做事。下属心甘情愿+效仿。

(2)承上启下的作用:

●对员工而言,督导角色代表着管理方、权力、指令、纪律、休假时间、提高收入及晋级。

“只要你照顾好员工,员工就会照顾好顾客,而利润你就别担心了。”

●对业主和上级主管而言,督导角色是他们与员工及具体工作的纽带,代表着生产力、食品成本、劳动力成本、质量管理、客户服务;同时又代表着员工的需要和要求。

●对顾客而言,督导角色的产品和员工,代表着整个酒店。

(3)坚持管理方的立场(但非棒式管理)。督导角色可以同情员工,倾听、理解他们,但你的决策必须是从管理方的立场出发。

10. 请学员继续游戏

是的(Yes)!你真想当一名好的督导吗?哪些秘籍你想从我这里拿走?

(1)让大家依次上台写在白板上,不能与上一个人重复。

必须掌握的技能和养成的习惯:会沟通、会激励、会认可、会批评、会灵活、会带好团队。

是的(Yes)!你确定你就是要这些秘籍。它们真有这么重要吗?为什么?

(2)小组讨论——运用督导技巧的意义。

重要性:融洽你和下属的关系、提升你的工作效率、提升你团队的工作效率、减轻你的工作压力、使你能够快乐地工作、增加你晋升的砝码。

第4节 培训游戏

国王与天使

游戏类型:深度破冰/团队凝聚力。

活动形式:将全体成员进行神秘分组。

所需时间:贯穿整个培训课程。

所需材料:“国王和天使卡”每人一份。

1. 活动目的

(1)增加听众之间的彼此了解与亲密感。

(2)创造彼此关心的氛围,提升整个团队的凝聚力。

(3)创造听众对课程良好的第一印象,提升培训的整体品质。

2. 操作步骤

(1)培训师发给每人一张“国王和天使卡”。

(2)请每个人在国王的旁边填上自己的名字,然后交给培训师。

(3)培训师将所有卡片收齐后,将全部卡片的背面向上,请每个人抽取一张。

(4)告诉大家,你所抽取的卡片上的人,就是你在课程期间的“国王”,你作为“天使”要在整个培训期间暗暗地关心他、帮助他;同时在全体成员中,也有某个人是你的“天使”,他也会默默地关心你、帮助你。

(5)请大家在抽取的卡片中“天使”旁边的位置写上自己的名字,并牢牢记住“国王”的名字。

(6)将卡片交给培训师。

(7)培训师告诉大家,在课程结束前,将公布所有的卡片。

(8)当课程即将结束时,请全体成员围坐在一起(将灯光调暗一些),首先,培训师对大家在整个课程期间所给予的支持与配合表示感谢;随后,开始将“国王和天使卡”一张一张地揭秘。

(9)最后,在浓浓温情与亲密的氛围中结束培训。

3. 游戏提示

(1)培训师也可以不公布卡片,这样会带给大家更多的神秘感。如果你决定不公布,那就不用事先告知大家,将卡片收起来就可以了。

(2)这个游戏的魅力在于会触动心灵,不妨事先准备一些音乐,在最后揭秘“国王和天使”时作为背景音乐使用,以烘托气氛。

(3)在最后揭秘的时候,不妨请那些终于“相认”的朋友,在全体成员的掌声中来个热情的拥抱(没有什么!这比一张照片更值得回忆)。笔者的经验是,每当这个时候,大家彼此之间总是充满了浓浓的温情与亲密感。

(4)培训师也不妨参与游戏,这样做无形中就迅速拉近了与学员之间的心理距离。那位成为培训师的“天使”的学员,自然会为培训获得成功增加一份积极的因素。

4. 相关讨论

(1)在整个课程期间,你是如何扮演“天使”角色的?

(2)课程中,你感受到了哪些特别的关心与帮助?

(3)你知道谁是你的“天使”吗?

(4)在生活与工作中,谁又是你的“天使”呢?

(5)在生活与工作中,你又是谁的“天使”呢?

(6)和你之前参加的其他培训相比,在这个课程中,你感觉到哪些与众不同的地方?

(7)你从这个游戏中,还获得了哪些启发性的思考?

5. 游戏总结

(1)和大多数破冰活动不同,这个游戏在开始时并没有立刻组织学员相识。而这,正是该游戏的最巧妙之处。读者不妨在这里多加品味。

(2)此游戏的魅力在于反映生活!在生活中,你是否知道谁是你的“天使”呢?他们在默默地关心你、帮助你,而你又是谁的“天使”呢?你又是如何在默默地关心他们、帮助他们的呢?

(3)笔者本人非常喜欢不公布卡片的游戏方式,因为这更像生活。

(4)如果运用得当,这个游戏可以在大多数培训项目中使用,游戏会提升整个培训项目的品质。培训师不妨在这个游戏上多花些时间,消化、吸收、再创造!

第四编
培训演示

第八章

全身心投入

本章要点荟萃

- 培训时要全身心地投入。
- 培训时应像日本刀客那样,达到“无我”的境界,即不忧胜败,无虑过去与将来。
- 培训中犯错不可怕,但不应受绊其中,更不要杞人忧天。完全沉浸于培训之中,与听众分享一切。
- 疯狂的准备和操练能使培训看起来简单、自然和流畅。排练次数越多,对自己会越有信心,学员也越能理解培训内容。
- 尽管计划翔实,在投入培训的同时,还须做好应对一切可能出现的问题的准备。

相信大家都承认,培训师站在讲台上挥斥方遒、指点江山,从某种意义上说,和演员在舞台上表演具有异曲同工之妙。事实上,无论多好的培训内容都要通过培训师的讲授和表演来加以表现,包括声音、语言和视觉三要素。声音,运用得好可以增进培训的效果,学会运用呼吸既可以增加培训师的声音魅力,也不至于因声带疲劳过度而声音嘶哑。语言,直接表现培训内容,讲授语言要简单、明了,不断重复要点,以便于学员掌握。表演,是培训师的自觉外在表现,培训师唯有做到表情自然,与学员保持目光交流、仪态大方、形体语言得当,才能获得更好的培训效果。

再好的培训内容,也必须通过培训师的讲授与表演才能引发学员的共鸣,达到预期的培训目标,而优秀的讲授与表演艺术正是学员接受培训内容的加速器，是培训师必须掌握的技能之一。

第1节 授课表演

在实施培训时，仅有一个引人入胜的开场和耐人寻味的结尾是远远不够的。欧派克模式中的授课才是培训的主体内容，是培训内容的表现阶段。授课是通过培训师的"讲授与表演"来传递培训内容的。"讲授"体现的是文字语言和声音的听觉形式；"表演"体现的是非声音、非语言的视觉形式，如面部表情与形体语言等。

培训内容正是通过声音、视觉和文字的形式传递给学员的，因此培训师的讲演技巧，将会极大地影响培训的效果。

一、讲授

培训内容通过培训师的讲授传送给学员的部分，是学员所听到的培训内容的表现形式，这就是培训师的声音和培训内容的语言表现形式。无论是高亢激昂还是娓娓道来，声音作为讲演的媒介，大大增强了培训的效果。

好听的声音并非总是与生俱来的，有目的的练习会使我们说话的语音、语调、语速和音量等更加职业化，使我们的声音更加优美动听，更能增强培训内容的传递效果。声音运用的技巧，见表8－1。

表8－1 声音运用的技巧

技 巧	说 明
吐字清晰	• 吐字清晰，发音准确，普通话标准
	• 音质响亮悦耳动听
声调多样化	• 抑扬顿挫
	• 充满热情和激情
	• 保持语调的多样化
	• 尽量让声音保持在中音区，高音区过于高亢让人疲劳，低音区过于沉闷让人提不起精神

续表

技　巧	说　明
语速稍快	●根据授课内容的变化而变化，错落有致
	●讲专业内容时略慢，讲非专业内容时略快
	●课上比课下略快
语音洪亮	●距离最远的学员能够轻松听清的音量为宜
	●强调要点时提高声音，有松有弛

声音，是气流通过声带时使声带产生振动而发出来的。声带位于人的喉部的两侧，单纯从声带发出的声音扁平不圆润，也传送不远。运用腹部气息冲击声带，再用头部、鼻腔、口腔及胸部等综合共鸣作用才会发出美妙悦耳、传递较远，且不易于疲劳的声音，气息还可以保护声带不受损伤，不至于因声带过于疲劳而导致声音嘶哑。关于如何运用腹式呼吸促进发音的技巧，见表8－2。

表8－2　运用腹式呼吸的发音技巧

呼　吸	说　明
正确的呼吸	●平躺下来，慢慢地吸气、呼气
	●体会气息并非在胸部，而是在腹部（横膈膜处），腹部“吸”起、“呼”伏
吸气	●吸气时，腹部挺起
	●尽量吸进多的气息，保持几秒钟后，再慢慢呼出
呼气	●呼气时，腹部落下
	●慢慢地将腹部气息呼出，保持几秒钟后，再慢慢地吸气
气息保持	●站立起来，按照平躺时的练习体会加以练习
	●吸气时气息进入腹部，腹部挺起；呼气时气息吐出腹部，腹部收起，胸部保持不动
	●把嘴巴，尤其是上腭打开，让气息从头部、鼻腔、口腔及胸腔顺利通过，并发出响亮的声音

对表现培训内容的语言的组织，是在培训准备工作中完成的，在实施培训阶段，用声音和视觉要素将培训内容表达出来。要让学员尽可能多地接受所准

备的培训内容。在培训内容的讲授方面，培训师需要运用语言的使用技巧。如何使用语言技巧，见表8-3。

表8-3 使用语言的技巧

技 巧	说 明
简洁	●简明扼要地说出要点，围绕要点展开话题
简单	●用词简单便于学员理解
	●对于一些专业词汇或难点，要加以解释或图解
重复要点	●每课结束前重复要点，加强学员记忆
自信	●用积极肯定的语言
	●避免"可能"、"或许"、"我也不能确定"等
尊重学员	●称呼学员的姓名，像对待VIP客户一样对待学员
	●开课前迎接学员，与学员进行交流
	●下课后恭送学员离开教室

声音和语言的练习过程，见表8-4。

表8-4 声音和语言的练习案例

技 巧	说 明
声音技巧 ●吐字清晰 ●语调多样化 ●语速稍快 ●语音洪亮	●模拟自己的培训课程，讲演10分钟，并录音；播放录音给家人或朋友聆听和评判，确定自己的吐字、发音、普通话是否准确，气息运用是否正确，音质是否悦耳动听，语速是否得当，音色是否洪亮
	●如发现自己的声音不够悦耳，而且在讲演时嗓子感到比较吃力，须加强正确的呼吸练习，改进音质，找到说话轻松而不是紧张劳累的感觉，并将其运用到培训内容的讲演中去
	●使用无线麦克风(耳麦)，或别在胸前的无线微型麦克风(胸麦)，既方便培训师的走动演讲，也可以让所有在座的学员听得清楚
	●不宜使用有线麦克风。这样会束缚培训师的走动及与学员的沟通，更不宜将话筒拿在手上授课

续表

技　巧	说　明
语言技巧 ●简洁 ●简单 ●重复要点 ●自信 ●尊重学员	●练习脱稿授课。抛开所准备的课时计划授课，是一个重新组织语言的过程
	●将授课内容在脱稿的情况下演示一遍，并进行录音，自己聆听自己的语言组织情况，并进行适当的练习
	●将授课内容演示给自己的亲人、朋友看，请他们提出关于语言组织方面的建议

二、表演

培训内容不仅要由培训师"讲授"出来，更重要的是要由培训师"表演"出来。这里的"表演"，是指培训师的面部表情、眼神、手势、姿势等表现培训内容的形式。这是学员"看"到的信息，也称为视觉信息。这种信息会给学员留下非常深刻的印象。要更好地表现培训内容，培训师必须掌握"表演"的技巧。培训师表演技巧，见表8－5。

表8－5　培训师表演技巧

技　巧	说　明
表情自然	●亲切自然的微笑最能获得学员的好感，最具亲和力
	●与培训内容相一致的喜怒哀乐的表情，最能增进培训的效果
目光交流	●目光到哪里，影响力就到哪里，与学员保持目光交流最能展示培训师的魅力
	●与全体学员保持目光交流，表示对所有学员的尊重和重视
	●注视最后一排学员，前排学员也会包括其中
	●环视左右所有的学员，前排学员也会包括其中
	●环视左右让所有的学员都受到注视
	●注视某位学员的最长时间不超过6秒钟

续表

技 巧	说 明
仪态大方	•站立要直接,挺胸抬头,站如松;女士双腿并拢或成前后步;男士双脚分开与肩同宽
	•坐立要稳,上身挺直,坐如钟
	•行走要轻松,行如风;从学员处回到讲台时要倒退或侧行,不宜背向学员走回讲台;步伐不宜过快
	•服装要得体,风度优雅;以职业装为宜。女士宜裙装,男士宜西装;色彩以能够衬托自己的肤色健康美丽为宜
	•发型、化妆要职业化,给人以幽香清新的感觉,课前早上要洗澡、吹发、化妆
形体语言	•手势自然,不讲话时自然下垂;讲话时以手势辅助语言;手势幅度宜大不宜小,速度宜慢不宜快
	•头部动作更能强化培训信息:点头表示赞同、摇头表示反对或无奈
	•肩部和臂部的动作比较夸张却可带来强化的效果;双手举过肩部表示力量,可取;而双手交叉在胸前则表示敌意,不可取
	•小动作要去除,如,用手理头发、挠头、咬指甲或手指头、搓手、手脚乱晃等

把培训内容表演出来确实是培训师的一大基本功,要经过长期的锻炼和实践才行。不过,有目的地加以练习可以收到事半功倍的效果。培训师表演方面的案例,见表8-6。

表8-6 培训师表演案例

技 巧	案 例
表情自然	•培训师海伦在授课时总是面带微笑,学员称她为"最具亲和力的培训师"
	•培训师麦克在授课时面部表情丰富,学员称他为"最富表演艺术的培训师"

续表

技　巧	案　例
目光交流	●培训师文森特在授课时从不与学员进行目光交流，常常是望着天花板授课，学员戏称他是“望天培训师”
	●培训师凯蒂在授课时很少看讲稿，始终微笑着与学员保持目光交流，学员称她为“微笑天使培训师”
仪态大方	●培训师珍妮在授课时十分注重自己的衣着，学员公认她的服装得体、美丽大方，又有知识，学员称她为“表里如一美丽培训师”
形体语言	●培训师斯蒂文授课时讲话快，手势动作也快，每句话不离“OK”，学员称他为“OK 培训师”

第 2 节　他山之石与培训

一、史蒂夫·乔布斯与剑道

许多文章都曾介绍苹果公司总裁史蒂夫·乔布斯在公众面前侃侃而谈的艺术。例如，他为沟通主题所设计的幻灯片总是那么简单易懂，却又极具魅力和视觉感染力。此外，他能够流畅地、天衣无缝地播放和使用他的电子演示媒体，以至于有时观众根本无法察觉是他在控制。他的演说沟通风格则是对话式的，使得电子演示画面与语言搭配协调，相映成趣。史蒂夫·乔布斯所做的每一场演说，无不建立在牢固的框架基础之上，使得演说有如行云流水般流畅，仿佛他带领着观众开始一段段美好的旅途。他友善、自然、自信（这会让观众感觉轻松），流露出的激情和热情也拿捏得恰到好处。

这一切看起来是多么的自然，似乎轻而易举就能做到。但如果你认为这都是史蒂夫的天赋，使他能自然而然，轻易地用自身魅力迷倒观众的话，那就错了。他的确拥有非凡的个人魅力，但我觉得，借助多媒体手段（幻灯片、演示视频等）做好演说或培训，绝不是一件自然且容易的事。又有多少 CEO 和培训师能够做到这些呢？实际上，史蒂夫·乔布斯的演说之所以能够如此出色，这一切还得归功于他和他的团队的疯狂准备与操练。这才是他的表演看起来那么

“简单自然”的真正原因。

当史蒂夫站在台上时，从某种程度上讲，他就是一位艺术家。和所有其他艺术家一样，通过辛苦的操练和丰富的实践，他使自己的演说技艺趋于完美。此外，作为一名训练有素的艺术家，似在展示技艺时已经不再着眼于技艺本身或形式，甚至不再受困于结果之成败。这就好比日本刀客，如果在习刀时一心想着如何运用刀术或成败与否的问题，则注定会输给对手。这听起来有些似是而非，但是当一个人在进行某项艺术行为时，但凡思绪飘到诸如成功与否或技艺本身等问题上时，这个人就已经迈向了失败。

登入以下网址，免费观看史蒂夫·乔布斯近期的演说：

www.apple.com/quicktime/guide/appleevents.

1. 无心

日本的剑客在习剑时，一旦达到虚空的状态（即无心），便不知恐惧、无虑成败，甚至忘却如何挥剑。正如铃木大拙（Daisetz Suzuki）在《禅与日本文化》（*Zen and Japanese Culture*）中所述，“（那一刻）人和剑都成了无意识的工具。这种无心的状态催生了奇迹的发生。剑道因而成为一门艺术。”

剑道的秘诀在于超越技术本身，达到“无心”的境界。诚然，如果想参与到任何一门艺术或一项体育比赛之中（想象一下老虎伍兹），那就必须去除扰人的自我意识，全身心地投入。用铃木大拙的话讲，就是“那一刻仿佛周遭事物全然消失”。一个人如达到了“无心”的境界，便可以免受各种猜忌和禁锢的负担，从而在某时某刻使自己完整、顺畅地投入。艺术家、音乐家及高水平的运动员皆懂得“无心”的境界。

史蒂夫·乔布斯在做演说时并非没有压力，想想台下坐着的观众吧。媒体各界及苹果公司上下对他的每次演说寄予了很高的期望。但当他在现场做演说时，似乎忘却了情况的重要性，全然只顾自己“表演”。这正是剑客“无心”、置生死于不顾的境界。他让大脑的思绪冷静下来，全身心地投入演说中去。正如铃木大拙所说：“海水在不停地流动，月亮却保持着它的宁静。大脑需应对不同的情形，却又得保持着相同的状态。”

技巧上的训练自然十分重要。但除非达到了一定的思境，否则这些训练总给人矫揉造作的感觉。“除非把思绪调整到无心或完全自然的状态”，铃木说：“否则，任何习得的技艺都会显得不自然而且无力。”

我承认，好的导师和相关书籍的确能够提高演说培训方面的技艺水平，但与其他表演艺术一脉相承的是,要想达到“无心”的境界,最终还得靠自己领悟。

你需要技巧和适当的形式,也需要通晓“规则”并勤于操练。如果能在演说的准备阶段付出足够的努力,并真正领悟“无心”的境界,你便可以自然地施展演说技艺,出色地完成每一场演说。

2. 忘我

你是否在过去的演说中曾达到过“忘我”的境界?所谓的“忘我”,是指沉浸在眼前这一刻,不牵绊于过去或目前的烦恼之中。你和观众一样,对于演说或培训的内容兴趣盎然,共同陷入如痴如醉的状态。这样才算是和观众建立起了真正的情感纽带。

在《如果你想写作》(*If You want to write*)一书中,作者布兰达·乌兰德(Brenda Ueland)谈到了“忘我”的重要性。他指出,“忘我”的状态不仅有益于充分发掘创造力,还能对受众产生积极的影响。同时,在演说中运用创造力及全身心投入其中的行为,更多的是发自内心,关乎于直觉而非智力因素所致。乌兰德在书中还将这种创造力及其联系比做一场精彩的音乐会。

音乐家在演奏钢琴等乐器时,时而弹奏、时而陶醉。他们的目标不是重复乐谱上的音符,而是要奏出美妙的旋律。也就是说要沉浸其中,而不是将自己与音乐分离。杰出的音乐家在演奏时无不沉浸和陶醉于自己的音乐之中,即便可能在技艺上并不十全十美。做培训也是这个道理,培训师需要全身心投入其中,达到“忘我”的境界。你可能在公众培训技艺方面无法达到完美,但是只要陶醉于培训本身,你便可与学员搭起沟通的桥梁。

“只有当你真正沉浸于音乐之中时,”乌兰德说,“人们才能真切地听见你,并为之动容。”达到“忘我”境界的演奏是发自内心的,不做作、不虚假,令人信服,而这些仅仅凭借才能和遵循音乐规则(乐章、乐谱等)是根本无法做到的。因为,受众会因演奏者的感动而感动。培训又何尝不是这样呢?培训的内容会因为准备充分、富有逻辑而令人信服;此外,学员也会因培训师的投入而备受感染(想想“疯狂英语”创始人李阳的培训现场吧),随即也会沉醉其中。

因此,培训师自身首先要完全相信培训的内容,并同时,在整个演说过程中要达到“忘我”的境界,否则如何让受训者信服呢?

二、向柔道取经

关于如何做一场优秀且高效的培训,有些建议可能来自意想不到的领域。

请看以下五条原则：

- 仔细观察自身和他人所处的环境。
- 尽可能地抓住主动权。
- 充分思考，断然行动。
- 把握结束的时机。
- 坚守中央的位置。

上述几条可谓是隽言妙语，但都不是我之前提到的有关培训设计的基本原则。实际上，这几条是约翰·史帝文斯（John Stevens）在《日本武道秘技》（*Budo Secret*）一书中概括的“柔道五项战略原则”。这些战略思想最初是由柔道创始人嘉纳治五郎（Jigoro Kano）提出的。但是，我们不难发现，这些原则同样适用于培训领域。比如，如果培训师懂得运用“把握结束的时机”这条原则的话，培训会取得更好的效果。有些时候，培训的时长会不同于预先设定的时间。这时就需要遵循第一条原则——细心观察自己和观众的情况，并及时作出调整与决定。当然，这些只是最简单的例子而已。

嘉纳治五郎在18世纪创立了柔道。柔道不仅是日本的一项体育运动。对于那些柔道练习者来说，他们从中获得的教训、智慧及经验，对生活的许多方面都产生了深远的影响。

冈崎（H. Seichiro Okazaki）先生在谈及柔道的精髓时说：“只有培养包容开放的思想，同时摈弃传统的固化思维，我们才能避免盲目服从和盲目抵制，自发地作出反应与决策。”

这个思想可不仅适用于柔道。回顾一下你最近做过的一场具有挑战性的培训，或许你在培训过程中遇到了比想象中更多的困难。在面临具有挑战性的问题时，你能否“自发而且自然地作出反应，而不是盲目地抵制”呢？就我个人的经验而言，当一个带着怀疑、猜忌甚至恶意的听众以刁难的问题向我发出挑战时，自然、友善的回答往往比恼羞成怒更加有效。呵斥或抵制的做法很容易，但那会让培训师的表现大打折扣。

三、在压力下培训

有些时候，你会遇到一些十分挑剔的受众，即使他们不会恶意地希望看到你出丑，至少会将质疑的眼神投向你，乃至故意刁难你。这种情况在现实当中绝不罕见。如果是这样的话，你要记住关键的一点，他们不是你的敌人。如果真有什么“敌人”的话,那也是你自己。即便真有受众选择做你的“对手”,恼羞成怒或大发雷霆对你及其他受众可没半点好处(80%的受众可能站在你的一边)。

对于柔道中的对手,嘉纳治五郎这样说:“让步于对手的强处,适应并利用它,并最终将它转化为自己的优势去战胜对手。”

这使我回想起多年前我做过的一场培训。那次培训总体进行得十分顺利,但是期间有一位受训者总是起来用一些无关的评论打断我的讲课,并多次影响到了其他受众。那次我其实有理由向他发火,但最终我还是忍住了。当时我甚至感觉到,其他受众都以为如果他再打断我一次,我就会对他大发雷霆。老实说,如果当时真那么做了,他们也不会怪罪于我。但我没有,我对那位受训者仍保持礼貌和尊重,丝毫没有任何恼火和愤怒的情绪,最后,也没让他对其他受众造成影响。培训完毕后,许多受训者纷纷夸赞我的处理方法。讽刺的是,尽管那个粗鲁的家伙几度想“破坏”我的课堂,但最终却起到了相反的作用。如果我那时选择大发雷霆,恐怕只会让事态变得更加严重。相反,我最终克制住了自己,顶住了压力,也因此博得了广大受众对我的尊重。

四、投入与贡献

培训其实也是一种表演,而本杰明·赞德(Benjamin Zander)清楚地知晓培训的艺术。众所周知,他是波士顿爱乐乐团的国际著名指挥家,但你可能不知道,他同时也是当今最才华横溢的培训专家之一。他博学卓识、能力出众,可以花上一整天的时间给公司或团体组织做有关领导力和变革方面的培训。丹·平克这样评价本杰明:“如今优秀的培训师是不少,但像本杰明这样在艺术领域还有所建树的人却不多。”当天,我就去书店买了由罗蒙德·斯通·赞德(Rosamund Stone Zander)和本杰明·赞德共同编写的《可能性的艺术》(*The Art of Possibily*)一书,读后颇为受益。作为培训师身份的本杰明,在书中的箴言给我带来了久违的启迪。凑巧的是,在紧接着一个月的某天,当我为一家500强企业做培训时,惊讶地发现在座的受训者们无不知晓和赞美本杰明及他简单却深刻的隽言妙语。可见,他的影响力非同小可。

下面的话语就是出自本杰明之口。虽然当时他谈的是音乐方面的问题,但也同样适用于大多数使用幻灯片的培训课堂。他说:

“在这一时刻,这关键的时刻,我们要有所贡献,那是我们的职责。我们可不是为了让观众留下深刻的印象,也不是为了寻求下一份工作,只是为了贡献出我们的某些东西。”

——本杰明·赞德(Benjamin Zander)

成败与否不重要,关键是有没有作出贡献,全身心地投入一件事情之中。不要问“我会受到欢迎吗”或“我能博得他们的喜爱吗”之类的问题,而要问“我该如何多作出一些贡献?”本杰明曾经这样教导那些年轻的音乐家们,“我们要贡献自己,那是我们的天职……在场的所有人都会清楚,是你向他们传递了激情,作出了贡献。我不在乎你是否比身边的小提琴手或钢琴手演奏得优美动听,只要你投入到音乐中,贡献了自己,你就是最棒的!”

本杰明还说,别老拿自己和别人作比较,不要去顾虑自己是否合适做演说,或者是否别人能比自己做得更好等问题。在培训过程中,你只要清楚地告诉自己,你是观众的礼物,你所要作出的贡献就是传达你的思想与信息。没有“孰优孰劣”的问题,只有当下的你。问题就是这么简单。

当然,并不是所有的培训都要你作出贡献,但大多数应该如此。实际上,我认为自己做过的所有培训多多少少都作出了一些贡献。诚然,当你被要求与一群人(多数是门外汉、初学者、迷茫者)分享你所在领域的知识时,你必须认真考虑对于他们而言,什么是重要的,什么又是不重要的。同一个主题的培训在做过多次之后自然会降低难度,但你的目的不是让观众感叹你卓越、渊博的才识,而是真正与他们分享一些具有持久价值和意义的思想。

1.激情与冒险

在大多数情况下,尤其对于中国人来说,错误是最为忌讳的事。本杰明以为,如果音乐家过于担心比赛的输赢和结果,总喜欢拿自己去和别人作比较的话,那么他们将怯于冒险而无法成为杰出的表演者。只有通过犯错才能使你发现自己的弱点,并在今后努力改进。我们时常因为害怕犯错而选怿所谓的小心翼翼。长远来看,如果你想把事情做到卓越的话,没有什么比踌躇不前更危险。本杰明建议,不要为犯下一些错误而灰心沮丧,相反,我们应该在每次犯错后欢呼雀跃,并举起双臂大喊“这太有意思啦!”思考一下他的这个建议吧。又一次犯错?这太有意思了!因为再次出现了学习的机会,不巧又被人打断培训,别慌,继续说下去!如果老担心着会犯这样或那样的错误,又怎能全身心地投入培训中去呢?

本杰明说,音乐家仅仅通晓如何演奏乐器或者不犯错是远远不够的。他们还必须通过演奏向观众传达音乐的深刻内涵。但凡演奏者融入于音乐之中,富有情感地用心演奏时,观众必然会被打动。这些都是三言两语无法道明的。本杰明还发现,一旦演奏者进入音乐以后,他们的全身仿佛流淌着跳动的音符,会随着它们一起摇摆,躯体仿佛受到了控制一般。于是,"用半个屁股坐着"的演奏情形在本杰明的脑中生根发芽。他鼓励人们成为那样的演奏者,即在演奏音乐时身体能够不自觉地左右晃动起来。一位杰出的演奏者或表演者,但凡完全融入和沉浸在表演之中,他们根本无法用整个屁股坐着!他们会不自觉地舞动起来,从而与观众建立起情感上的联系。千万不要克制这种情感,释放内心的热情和激情吧!

你可以选择"保守",小心翼翼地演奏从而规避错误,即"用整个屁股坐着"演奏。或者你也可以对自己说,"来吧,我要冒一次险!"于是大胆地在音乐中注入激情和情感、色彩和力量,并以独特的方式——始终用半个屁股坐着,改变一切。用心演奏音乐,与观众建立沟通,从而改变自己。本杰明曾这样鼓励一位才华横溢的音乐学生:"如果你用半个屁股坐着的方式演奏音乐的话,(乐团中的)其他人将无法抗拒你的力量,这种力量将会激励他们用心演奏。"

2. 放松

本杰明经常教育他的学生,奏乐时要放松。一旦你放松了,周围的人也会变得轻松起来。他这样说并不是鼓励他们别把演奏当回事(实际上应该严肃对待演奏),而是应该学会超越自己。也许没有什么比幽默更好的办法能让我们放松了。

哲学家罗莎蒙德·赞德(Rosamund Zander)说,我们自出生以来就被一堆条条框框所禁锢,总担心着自己是否会缺少关爱、缺乏食物等,似乎这就是我们所处的世界。他把这种行为称做"过度思量"。在感情匮乏、竞争激烈、攀比频繁的环境下,"人不得不考虑过多的事情,太把自己当回事。"无论你多么成功、多么自信,但凡有"过度思量"的举动(老和别人比这比那,又担忧自己比不上别人),你将变得不堪一击,并面临失去一切的危险。

因此,我们的目标是克服"过度思量",摒弃那个生活在匮乏和恐惧中的自我,转向一种更加健康的生活态度,一个富足、完整,充满机会的世界。这样,我们才能被赋予一双看清"世界和自身富有创意的本质"的慧眼。当我们认清个人终究是无法控制世界,无法把自己的意志强加于别人的时候,便向超越自己迈出了第一步。当你学会放松心情以后,本杰明说,你会发现自己并不易于屈服,凡事也能处理得游刃有余,而且乐于接受未知事物、新思潮和其他的影响。

与其在人生的河流中苦作抗争，不如顺应其流淌轨迹，和谐地融入其中。只有那样，你才能使周围的人感到，你并不渴望那些幼稚的需求、权利或算计；相反，你是一个满载信心、有益于甚至能够启迪他人的人。从这种意义上说，每一次的培训岂不是展示自己积极一面的绝好机会吗？

第九章

建立沟通的纽带

本章要点荟萃

- 培训内容要翔实，结构要有逻辑性，同时在培训过程中还应不忘与听众进行交流和沟通，建立情感纽带。
- 培训时应表现得热情洋溢、精力充沛。每次培训的实际情况各不相同，但没有理由把培训进行得枯燥而乏味。
- 不要克制你的情感，如果你对准备的话题充满热情，要向听众表现出来。
- 清除你和听众之间的交流障碍。无线麦克风和远程遥控器能够使你在台上随意而自然地走动。

谈到如何与人建立沟通纽带的问题时，绝大多数方法并非从学校开设的演讲课或交流课上学得，而是源自我多年来作为培训者和观众所积累的经验。

做培训和演奏音乐都是表演，只是形式不同而已。优秀的培训者和音乐演奏者在与观(听)众交流、分享情感的过程中，无不与他们建立着真诚的纽带关系。音乐(如，爵士乐)将所有东西都一览无余地展示给听众，让他们能通过视觉和听觉来感知音乐的内涵。音乐之中没有政治，也不存在人与人之间的隔阂。观(听)众能否被音乐打动是一回事，你是否真诚、用心地去演奏则是另一回事。观(听)众的微笑、点头和跺脚等细小动作都在传递着你和他们之间这股紧密联系的纽带。这何尝不是一种交流方式呢？这种感觉太妙了！

第1节 让学员融入培训过程

培训师运用引人入胜的开场及耐人寻味的结尾实施培训课程，运用讲授表演艺术增强培训效果，增进学员的记忆，注重培训师的个人表现、个人魅力及个人投入。而作为成年人的学员，唯有参与到培训过程之中时的学习效果才能最好。鼓励学员参与，鼓励学员自由发表意见和提问，并根据学员的反应对授课内容作适当的调整，注重的是学员的参与。让学员融入培训过程之中，以更好地达到培训目的。

一、看入人里看出人外

观察，有助于了解学员对培训内容的关注程度，了解学员是否认可培训师的授课、是否理解培训内容。培训师根据观察的结果，决定继续授课还是根据学员的反馈情况加以调整。

1. 观察的三个步骤

- 观察学员的形体语言，包括头部、面部表情及坐姿等行为表现。
- 根据学员的行为表现，判断学员对培训课程及培训师授课的感受。
- 根据对学员感受的判断，作出课程是否继续或对课程加以调整的决定。

培训师所观察到的学员对培训课程或培训师的感受情况及其行为表现，见表9－1。

表9－1 学员感受及其行为表现

感 受	行为表现
感兴趣或理解	• 微笑 • 注视培训师 • 嘴角向上 • 点头 • 头部与上身前倾 • 手指紧握 • 手托下巴注视着培训师

续表

感　受	行为表现
不感兴趣或无聊	• 打哈欠 • 眼睛发直,眼神飘忽 • 翻阅报纸、书籍 • 靠在椅背上 • 嘴角向下 • 看手表 • 双手撑着低下的头 • 双腿不停地变换姿势
感到不解或抵触	• 皱眉 • 挠头 • 咬嘴唇或撅嘴角 • 目光呆滞 • 避免与培训师的目光交流 • 手在转笔或摆弄其他小物件 • 身体后仰,双臂交叉抱在胸前

一般来说,表 9－1 右栏中培训师所观察到的学员行为表现,往往与左栏中学员对培训课程或培训师的感受是一致的,但并非总是如此。例如,“身体后仰,双臂交叉抱在胸前”的行为表现,是学员对培训课程或培训师有抵触情绪,或是感到不解,但有些学员这样做可能仅仅是因为这种姿势使他觉得更舒适。

培训师所观察到的学员的形体语言或者说学员的行为表现,与其真实的内心活动或他们对培训课程与培训师的感受有时并不相符。例如,很难即时区分学员“赞同的微笑”和“嘲讽的微笑”,而前者是感兴趣或理解,后者则是感到不解或抵触。再如,皱眉表示怀疑,是感到不解或抵触的行为表现,但有些人在专心听讲时,也会皱眉,而这个皱眉是因为他(她)在思考,是感兴趣或理解的表现。

单纯从学员的某种简单的行为表现很难对其感受作出正确的判断,要进行综合的观察和分析。某一位学员的行为表现不足以让培训师作出课程是否继续或是进行调整的决定,要观察大多数学员的行为表现后再作出判断。培训师根据学员感受及其行为表现而采取的相关措施,见表 9－2。

表9－2　根据学员感受而采取的措施

学员感受	所占比例	可采取的措施
感兴趣或理解	大多数学员	●继续授课 ●继续观察
不感兴趣或无聊	部分学员	●休息、活动,或做小游戏调剂一下 ●讲课速度加快一点 ●检查学员的参与性 ●继续观察
感到不解或抵触	部分学员 个别学员	●对不明白的地方进行提问 ●举例说明 ●换一种方式重讲一遍 ●另选时间与学员个别交换意见

2. 观察的案例

为时1天的品诚酒店管理公司首席培训师JOYCE的“酒店经理领导艺术”培训课程,在某国际五星级酒店多功能大厅举行。在上午的培训中,培训师JOYCE注意到绝大多数学员在听课过程中双目注视培训师,特别是对精彩的案例更是聚精会神地频频点头微笑,还有几位女学员双手托着下巴目不转睛地注视着培训师。从JOYCE的观察来看,学员对培训课程和培训师是满意的。

下午1点整,学员用过午餐后按时回到培训大厅,培训课准时开始。然而,课程开始不到20分钟,部分学员开始打哈欠、两眼发直、眼神飘忽,有人双手撑着低下的头,还有人双腿不停地变换姿势,甚至有一位学员干脆趴在课桌上睡着了。JOYCE边授课,边观察着学员的这些行为表现,她知道,学员们正在与瞌睡虫进行着激烈的斗争。北京人的午休习惯使得学员在午休时间参加培训课程时不得不与生理上的瞌睡进行抗争。

培训师JOYCE笑着对学员们说:“好了,我看到大家正在与瞌睡顽强斗争,让我们随着‘雨点变奏曲’清醒一下吧。请大家来跟我一起做个游戏。”也就是3分钟的时间,学员从“雨”中清醒过来,课程又继续了。JOYCE看到大家,尤其是那位被“雨”淋“醒”的学员,坐直了身体,面带微笑,全神贯注地注视着培训师。

“酒店经理领导艺术”培训中,培训师JOYCE对学员行为表现的观察、对学员感受的判断及其所采取的措施，见表9－3。

表9－3 “酒店经理领导艺术”培训课下午开课20分钟时

<table>
<tr><th>学员的感受</th><th>行为表现</th><th>所占比例</th><th>培训师的措施</th></tr>
<tr><td rowspan="5">不感兴趣或无聊（与瞌睡作斗争）</td><td>• 打哈欠</td><td>• 若干人</td><td rowspan="5">带领学员做“雨点变奏曲”游戏，让雨“浇”走瞌睡
雨点变奏曲：
• 小雨：双手指尖相互撞击
• 中雨：用力鼓掌
• 大雨：两手用力拍大腿
• 暴雨：跺脚
• 雨过天晴：双手掌心相对，自胸前举向头项
培训师指令：
天空下起了小雨，变成了中雨，变成了大雨，变成了暴雨；暴雨变成大雨，大雨变成中雨，中雨又变成小雨，雨过天晴</td></tr>
<tr><td>• 两眼发直、眼神飘忽</td><td>• 若干人</td></tr>
<tr><td>• 双手撑着低下的头</td><td>• 若干人</td></tr>
<tr><td>• 双腿不停地变化姿势</td><td>• 若干人</td></tr>
<tr><td>• 趴在桌子上睡着了</td><td>• 若干人</td></tr>
</table>

二、耳听为实

聆听过，是指获得他人语言和非语言信息并对其理解的过程。聆听，是培训师必须掌握的一项基本培训技能。人人都希望他人听自己说话，希望他人在意自己的话。用心聆听学员讲话，会使学员感到受重视与受尊重。

1. 聆听的步骤

聆听，能够使培训师理解学员的意见，了解学员对培训接受情况的反馈。聆听不同于简单的听，它有一个过程。该过程也称为“有效聆听”的四个步骤：

- 集中注意力。
- 理解与记忆。
- 评介信息。
- 重述与回答。

聆听的四个步骤及其说明，见表9－4。

表9－4 聆听的四个步骤及其说明

聆听步骤	说明
集中注意力	• 排除来自内部与外部的干扰，将注意力集中到学员所表述的问题上
	• 内部干扰来自内心的不同意见。这些意见可能与学员所谈的问题有关；也可能与学员所谈的内容无关，只是一种精神漫游
	• 外部干扰来自让培训师分散注意力的周边环境因素，可能是看到或听到发生在学员身边的事情
理解与记忆	• 将学员的意见记录下来，并理解其中真正的含义
	• 分析主要的意见，了解自己不明确的地方
	• 理解发言学员此时的感受
评介信息	• 考虑提意见学员的感受
	• 评价信息的重要性
重述与回答	• 用自己的语言对学员的意见加以重复，确认所获得信息的准确性
	• 使用问句开头，如："您是说……"或者"我理解……"
	• 复述信息准确，学员会对正确的理解加以确认
	• 复述信息不准确或是把有些重要细节遗漏了，学员会对此进行补充

2. 有效聆听的技能

优秀的培训师是主动的聆听者，即主动地参与到沟通过程之中，表现为：

- 语言上的主动。
- 形体上的主动。
- 思想上的主动。
- 行为上的主动。

增进培训师有效聆听技能的技巧,见表9-5。

表9-5 增进有效聆听技能的技巧

有效聆听技巧	说明
语言上的主动	•鼓励发言学员:“对”、“很好”、“不错”、“说得对”,“原来是这样啊”……
	•用自己的语言复述学员的话,以确认自己理解是否正确
形体上的主动	•面对发言的学员,与其保持目光交流
	•给予恰当的微笑或赞同的点头
思想上的主动	•在心中总结学员发言的要点 •自问是否理解
行为上的主动	•边聆听边记录
	•如有一时难以回答的问题,记下来,日后反馈

3.聆听的案例

在“品诚酒店管理公司”首席培训师JOYCE所做“酒店经理领导艺术”培训的课间休息时,有几位学员前来与JOYCE交换意见。其中一位王先生还递上自己的名片。看到王先生急于交换意见的样子,JOYCE把注意力从身边众多学员的身上集中到王先生那里。她微笑地注视着王先生,尽力排除现场其他学员谈话的干扰,鼓励王先生说下去:“您说您在哪家酒店做经理?”

“不,我在一家食品配送中心做经理。”王先生纠正说。

“哦,是这样。”JOYCE嘴上应着,心里却在想:食品配送中心与酒店不完全一样,但经理的领导艺术是相同的。他想说什么呢?她鼓励王先生继续说下去:“做这行的困难是什么?”

“刚开始我们做得很好,但现在加盟店多了以后有点乱。我想知道工作任务清单、工作流程及工作细则是怎样制定的,这会对我们的标准化有好处。”王先生讲得有点兴奋,看起来是个对工作挺负责任的经理,急于了解制定工作任务清单与工作细则的标准与流程。

“您是说为各个加盟企业制定工作标准和工作细则吗?”JOYCE确认道。

“正是,正是!我们老板把这个任务交给我,刚才听了您的课,对我启发很大,工作任务清单与工作细则可能是解决问题的关键。”

看来，这个问题对王先生很重要，但却非本课程所要详细讨论的，也不是三言两语能够说清楚的，于是 JOYCE 说：“王先生，这个问题比较复杂，我们课下再讨论，这是我的名片。您可以给我打电话，谢谢您提出的问题，也谢谢您参加培训。”

对案例中的聆听技能进行具体分析，见表 9－6。

表 9－6　聆听技能案例

聆听技巧	说　明	案　例
语言上的主动	•用语言鼓励发言的学员	•“您说您在哪家酒店做经理?”“做这行的困难是什么?”
	•用自己的语言复述学员的话，以确认自己理解是否正确	•“您是说为各个加盟企业制定工作标准和工作细则吗?”
形体上的主动	•面对发言的学员，与其保持目光交流	•看到王先生急于交换意见的样子，JOYCE 把注意力从身边众多学员的身上集中到王先生那里
	•给予恰当的微笑或赞的同点头等	•她微笑地注视着王先生，尽力排除现场其他学员谈话的干扰
思想上的主动	•在心中总结学员发言的要点	•“哦，是这样。”JOYCE 嘴上应着，心里却在想：食品配送中心与酒店不完全一样，但经理的领导艺术是相同的。他想说什么呢?
	•自问是否理解	•看来，这个问题对王先生很重要，但却非是本课程所要详细讨论的，也不是三言两语能够说清楚的问题
行为上的主动	•边聆听边加以记录	•“王先生，这个问题比较复杂，我们课下再讨论。这是我的名片，您可以给我打电话，谢谢您提出的问题，也谢谢您参加培训。”
	•如有一时难以回答的问题，记下来，日后反馈	

三、开口是金

提问是让学员融入培训过程的另一项技能。提问,包括培训师向学员提问由学员回答,也包括学员向培训师提问由培训师回答。成年人学习的特点表明,他们有着宝贵的实践经验,培训时如果能让学员参与到培训过程之中,并能对以往的经验加以应用的话,培训效果会更好。

提问的目的在于能够使培训师:

- 了解学员对培训的反馈。
- 检验学员对培训内容的理解情况,以使培训更有针对性。
- 让学员参与到培训过程之中。
- 引导学员讨论的方向。
- 启发学员做进一步讨论。
- 让学员了解其所学情况,及时弥补不足之处。

1. 培训师提问,学员回答

有效的提问技能,是培训师要掌握的非常重要的技能之一。由培训师提问学员回答的提问包括:

(1)正确选择所提问题的形式。选择所提问题可以参考两种形式,即开放式问题和封闭式问题。开放式与封闭式问题的形式、说明和案例,见表9-7。

表9-7　问题的形式、说明和案例

问题形式	说　明	案　例
封闭式问题	•用“是”或“不是”抑或简单的一两个字回答	•“制定工作任务清单的顺序是工作的逻辑顺序,对吗?”
	•不需要组织语言,无须进行讨论	
	•通常用“关于、对于”等开头	
	•有助于获取特定信息及结束讨论	

续表

问题形式	说　明	案　例
开放式问题	•不能用“是”、“不是”及简单的一两个字回答	•“为什么要先有工作任务清单,后有工作细则呢?”
	•需要组织语言来回答,以刺激思考与学习	
	•通常用“为什么、为什么说、怎样、如何”开始	
	•有助于引发讨论,保持活跃的气氛	

(2)正确表述问题的方法。决定了使用哪种问题形式以后,需要确定如何表述问题。问题表述得越清晰、越具体,学员才能越有针对性地准确回答问题。正确表述问题的方法,见表9－8。

表9－8　正确表述问题的方法

正确表述问题的方法	应该避免的情况
•清晰、准确	•模棱两可、含混不清、易产生歧义或是误导性的问题
•语义清晰	
•只提问一个问题	•含两个或两个以上的问题
•根据要求学员掌握的要点提出问题	•非要点问题
	•多数学员很难回答的问题
•提出难易适中的问题	•过于简单的问题
	•难度太大的问题
•提出引导学员进行逻辑思考的问题	•不可提问愚弄学员的“狡猾”问题

(3)提问的方式。有效提问要考虑的最后一个问题,是如何提出问题,即如何提问。提问的方法有:

- 一般性提问。
- 针对性提问。

- 引导式提问。
- 反问式提问。
- 转向式提问。

各种提问方式、说明及案例，见表9－9。

表9－9 提问方式、说明及案例

提问方式	说明	案例
一般性提问	•向全班提问，让全体学员思考 •由学员自愿回答	•"关于制定培训目的的练习到这里结束，有谁愿意与大家分享一下成果？"
针对性提问	•向个别学员提问，让其思考 •由某位学员回答 •可以明确学员的"专家"地位或经验	•"关于制定学习目的的练习到这里结束，Mary，你愿意与我们分享一下你的成果吗？"
引导式提问	•向某位学员提问，并鼓励其回答 •给学员启示，启发学员说出正确答案	•"Lis，聆听宾客的投诉是对的，但聆听了宾客的需求，之后，该怎么办呢？"
反问式提问	•针对提出问题的学员 •请提出该问题的学员回答所提出的问题	•"Lis的问题提得好。Lis，你自己是怎么看待这个问题的？"
转向式提问	•将某位学员提出的问题转给另一位学员回答 •创造共同探讨的气氛	•"Mark认为超过宾客期望值，对餐饮业来说是件很难的事。Lis，你认为呢？"

(4)提问的步骤。培训师提问学员回答时，除考虑正确的问题形式、对所提问题的正确表达及提问的方式以外，进行有效提问还要考虑提问的步骤。

提问的步骤，要有利于使学员的学习和参与最大化。培训师对学员回答的反应方式不仅影响回答问题的学员本人，还影响着所有学员对以后课程的参与情况。有利于保持学员高度参与的提问步骤为：

- 提问。
- 思考。

- 重复。
- 感谢。

提问的步骤、说明及案例，见表9－10。

表9－10 提问步骤、说明及案例

提问步骤	说 明	案 例
提问	• 向学员提出准备好的问题	•"关于忠诚宾客的价值计算，还有哪些地方要加以补充？"
思考	• 给学员时间思考，然后回答问题	•"给大家2分钟时间看一下笔记，至少还有一点需要加上才对。"
重复	• 重复学员回答中的正确部分	•"非常好。应该加上忠诚宾客带来其他潜在忠诚宾客的潜力才对，不过，这部分应该如何计算呢？"
感谢	• 无论回答是否正确，感谢参与	•"感谢你提出的计算方式，谁还有其他计算方法？"

2. 学员提问，培训师回答

在培训过程中，无论是课上课下，有时学员会向培训师提出一些与培训有关或无关的问题。提问为增进全班的学习提供了机会，也包括提出问题的学员。培训师回答学员问题的方式，对学员在以后的培训中是否提出问题及对培训师的威信都有很大的影响。

培训师回答学员问题的方式通常有：

- 亲自回答。
- 请学员回答。
- 稍后再回答。

培训师回答学员问题的方式、说明及案例，见表9－11。

表9－11　培训师回答问题的方式、说明及案例

回答方式	说　明	案　例
亲自回答	●培训师是唯一能够提供答案的人时	●“关于如何计算一位忠诚宾客价值的问题提得非常好。有这样一种计算方法，就是……”
	●学员希望听听培训师意见时	
请学员回答	●有学员能够正确回答时	●“关于如何计算一位忠诚宾客价值的问题提得非常好。你们有什么好的计算方法?”
	●需要让学员参与时	
稍后再回答	●问题超出了培训内容的范围时	●“关于如何计算一位忠诚宾客价值的问题提得非常好。这是我们下次课要讲的内容，我们就留到下次课来解决。不过您能想到这个问题说明您认真思考了量化的问题，很好，谢谢。”
	●短时间内无法回答时	
	●在以后课程中会谈到时	
	●培训师一时也不确定正确答案时	
	●找不到正确的答案时	

第2节　让培训师投入培训

汤姆·格兰特(Tom Grant)出生于美国俄勒冈州的波特兰市，是太平洋西北地区的一位音乐巨匠。人们可以在世界各地购买到他的爵士乐唱片，聆听他的曼妙歌声。汤姆是一位伟大的音乐家，我喜爱和钦佩他的最主要的原因是，他在现场演出时表现出的热情、友善及投入，这些都大大拉近了他和观众间的距离。

我从汤姆·格兰特的现场表演那里学到了许多东西，知道了表演者需要通过演奏向观众表达其深刻的内涵，并与他们建立起纽带关系。这样，听众收获的将不仅仅是表演者奏出的音乐那么简单。

演奏音乐和做培训实质上是相通的。无论是表演者还是培训师，都需要和

观(听)众建立沟通的纽带,拉近与他们之间的距离。没有纽带关系,也就没有对话与交流。无论是介绍一项新制度或管理学成果,还是在美国卡耐基音乐大厅演出,你都要努力与观(听)众建立真诚的沟通和联系。

对于汤姆·格兰特而言,表演并不是"我弹奏,你聆听"那么简单。他认为表演是双方的一种互动。2005 年,他在接受"流畅共鸣"(Smooth Vibes)广播频道的采访时说,"音乐能把欢乐同时带给表演者和受众。我演奏音乐,因为这是我毕生的职业。我希望通过我的音乐向受众传递出美好、欢乐和仁爱的精神,并鼓励其尽可能地将它们付诸实践,从而提高自己的生活质量。"

培训又何尝不涉及表演者(即培训师)和受众(即观众)呢?记住这一点:归根结底,培训不是关于我们(培训师),而是关于他们(听众)的,也包括所要传递的信息。

一、多多益善

作为培训师,我们必须沉静下来,着眼于当前,全身心地投入于培训当中。然而,对于普通观(听)众而言,他们大都无法像优秀的培训师那样,进入平静而投入的状态。他们在努力尝试集中思想聆听培训课程时,往往还会想着如何处理职业和个人方面的各种问题。这是令我们培训师很头疼的一个问题。通常说来,要使观(听)众彻底地投入于培训之中是不太可能的,就算我们的演说时间再短,他们也无法做到 100% 的思想集中。有研究结果表明,观众能够保持思想完全集中的时间大约只有 15~20 分钟。我的经验告诉我,实际上可能比这还要短。例如,酒店的高层管理人员大多无法集中这么长时间去听你的课程内容。因此,学会控制培训的时间长度十分必要。

每次培训的实际情况各不相同,但通常来说,培训的时间越短越好。既然这样,为何如今许多培训师还要经常拖沓超时?或者明明已把该讲的内容都表达清楚了,为何还不按时结束课程呢?这可能与我们长期以来所受的教育有关吧。至今我仍然记得大学教授在我们写作考试前这样提醒我们,"记住了,作文写得越长越好!"长期以来我们一直认为,一篇长达 20 页的报告,得分要高于一篇仅有 9 页的报告;认为一个包含 25 张幻灯片、每张布满 12 行要点的课件,要好于半小时内展示 50 张极具感染力的幻灯片课件。学校里宣传的这些传统思维模式扼杀了创造力和智慧,抑制了思考和革新的内在动力。而这些恰恰是促成培训成功的关键要素。就这样,我们把"多多益善"的思想也同样带到了职场。

1. 八分饱原则

中国传统推崇一种养生之道，叫做“八分饱”原则。顾名思义，就是说，饭只要吃到八成就足够了。这是个很好的养生方法，实施起来也不难。原因是，中餐的食物分量通常要少于西餐，加上我们又是使用筷子夹着吃，避免了像美国佬那样用饭勺大口地往肚里塞，因此，进餐的速度也会相对放缓。当然，这个方法并不是鼓励大家浪费粮食，而是把剩余的二成食物留在盘子里。如果饭吃到八分饱而不是十分饱的话，人们饭后会感觉精力更加充沛，至少不会在餐后犯困，自然感觉也会更好。

“八分饱”原则其实也可以运用到演说、演讲甚至是会议之中。我的建议是，无论给你的时间多长，绝不要超时；且在规定时间内稍微提早一点结束。培训的时间长度应该视具体情况而定，但最好将它控制在规定时间的八九成左右。没有人会因为你提前几分钟结束课程而发牢骚。要知道，他们往往抱怨最多的问题不是培训太短，而是太长！

2. 过犹不及

我们总希望以高调的方式结束课程，让观（听）众从中吸取知识、获得启迪或激励，并感到满意。但殊不知有时却根本不需要刻意去这样做。

对于培训的长短及其中的内容，我们也可运用“八分饱”原则。即以我们最大的努力向观（听）众做一场高质量的培训，但其中的内容不必太多，时间也无须过长，以免他们在培训结束后，刚离开就感到身心疲惫、思想混沌。

二、清除交流障碍

事实上，我并不习惯，也不喜欢站在讲坛前向观众做演说。你可能会说，讲堂自有它存在的理由，有时甚至是不可或缺的。的确如此。但是，我以为，在几乎所有的培训场合中，讲坛的存在就好像是一道墙，将培训师和受众无情地隔离开来。

讲坛的确可以使培训师看起来更具权威，仿佛他们手中掌握着大权。恐怕这就是为什么政客们喜欢站在讲坛前发表言论的缘故吧。如果你希望自己看起来更加权威的话，那就站在讲坛前演说吧。但我想，对于大多数培训师、演讲者、销售代理们来说，他们并不想站在一堵墙的背后与人们进行交流。再说，讲坛通常被安放在舞台侧后方或房间的一个角落，这就使得受众很难发现培训师的存在，从而使所演示的幻灯片(如果有的话)成为观众唯一的关注焦点，而培训师本身，却成了一个配角。让受众同时看到舞台或房间中央的你和幻灯片课件荧屏是绝对可能的，因为这二者通常都会成为他们所关注的对象。

当你站在讲坛前演说时，也许对声音传递或者多媒体播放不会造成什么影响，但你和受众间的纽带却被生生阻断了。试想一下，如果你最喜欢的歌手站在舞台角落放声高歌，那是一幅多么可笑的场面！再试想一下，如果乔布斯仍旧以他经典不变的着装——牛仔裤搭配翻领毛衣，以同样的方法去做苹果Keynote演说，不同的是，此次他选择站立在讲坛后面，那么，他和受众间的交流纽带则会荡然无存。而其失去的这种纽带关系在培训中恰恰是必不可少的。

我曾经参加过大学的联校演讲比赛，或许我们可以从这些学生的身上得到一些启发。你也许以为，这是一个比较传统的演讲比赛，但令人惊讶的是，我竟然发现没有一个参赛选手演讲时选择站在讲坛前面，他们无不站在舞台的中央进行演说，还会不时地在台上四处走动，以便与在座的观众进行交流，建立重要的情感联系。

但是，并不是说讲坛就是多余的，实际生活中还是有它的用武之地的。比如，在正式庆典上，一群人需要轮流上台发言时，就需要在舞台中央设置一个讲坛，这样做合情而又合理。但如果是受众专程赶来聆听你的培训，并希望从中获取知识、得到激励时，你则必须竭尽一切可能推倒阻隔在你们之间的那道"墙"。没有讲堂的掩护，你必须直面观(听)众。这可能会令你觉得有些害怕，但通过不断地操练和努力，克服恐惧心理只是时间上的问题。相信我，你为此所付出的努力绝对是值得的。

1. 技术、娱乐、设计(TED)

我非常喜欢技术、娱乐、设计(TED)组织的培训活动。也许它们和酒店培训看似无关，但其核心理念却与培训是相通的。每年，来自全球最出色的思考者同时也是实干家都会汇聚一堂，逐个受邀上台做一个长度为98分钟的幻灯片培训或演说。由于只有短短98分钟，他们的课程非常简明扼要、紧凑切题。从那些在TED大会上做过培训的人身上可以看出，现场幻灯片培训/演说的技能，对于现代人有着非同一般的重要意义。

TED组织的优秀之处在于，他们从不吝啬向外界公开所有优秀的培训实况，并免费提供数量可观的高质量视频下载服务。他们会把最佳培训的视频上传网络，供人们在线观看或下载。目前，TED网站上已有150多场培训视频可供下载。其数量每周还在不断增加。其所提供的视频,无论从视频本身效果还是培训的质量来看,都极为令人满意。TED 真正发扬了概念时代的精神:分享、无私、简化。你的思想如能为更多的人知晓,毫无疑问,其将变得更加强大而有力。得益于其所提供的高质量免费视频,TED. com 已成为拥有丰富资源,影响力不容小觑的视频网站。

2. 不要关灯

每当培训师开始准备演讲时,一定会有人喊道,“请把灯关掉!”这似乎已经成了一个惯例,于是,房间里除了荧屏亮着以外,整个一片漆黑。“培训师跑到哪里去了?想必一定就在附近的某个地方吧。喔,我听到他(她)开始讲话了(那声音到底是培训师还是其他观众?)。”

如果你想使自己的培训做得更加出众,那就不要去碰电灯开关。就算是你需要演示幻灯片,越多的光亮也意味着对你越有利。记住培训时要和受众建立沟通的纽带。你是在试图讲述一个故事、传达一个思想,或者是将你的主意展现给董事会和决策者们。如果他们连你的人都找不到,又如何与你建立沟通纽带呢。观(听)众如果见不到你,就会觉得难以将你所说的话听进去,自然也就会对你及你的内容失去兴趣。

当你在面对观(听)众培训时,他们需要同时接收你的语言信息和画面信息。文字信息只占据了很小的一部分。大多数信息都是通过你的话语及幻灯片画面来传递的。所以,如果受众看不到你,言语信息就会被大大削弱。

克里夫·阿特金森曾说:“当你看着一个人讲话时,你可以根据他的面部表情探寻出他接下去要说的内容。”因此,如果观(听)众能够一边看着你,一边听着你的讲解,培训效果一定是最好的。《为何商业人士讲话如此愚蠢》(*Why Business People Talk Like Idiots*)一书的作者也提到:“人们从演讲者本身获取的信息要比其讲话的内容更有意义。”这毫无疑问是正确的,但前提是演讲者能被看到。

十几年前,投影仪远没有像如今这样先进,投射出来的光还比较昏暗。因此,那时培训现场关灯还有些理由。但如今,一些价格低廉的投影仪也能打出亮度强烈的光来。因此,绝大多数情况下就没有关灯的必要了。其实这涉及一个“鱼”和“熊掌”难以兼得的问题。关了灯幻灯片看起来会更加清楚一些,但受众就看不见你了。开着灯,观众能看清你的人,有了沟通,却又看不清荧屏了。如果碰到这样的情况,你可以选择关掉部分灯光,在尝试几次后,找出最佳的亮度，但千万不要把灯全部关掉。

3. 使用遥控器

我见过不少聪明的培训师，但也见过很多不那么聪明的。后者在播放幻灯片时，要么根本不用遥控器，要么使用了遥控器，但操控极其差劲，仿佛他们先前完全没有用过；即使是科技发达的今天，仍有许多培训师选择站在电脑旁边，一边演说一边用鼠标控制幻灯片的播放。这就意味着在培训过程中，他们需要不时地走到电脑旁去更换幻灯片，以继续他们的课程。

控制电脑的遥控器并不昂贵，但却是一样必不可少的工具。不要找任何借口，作为培训师，你必须拥有一个。如果你现在仍使用电脑鼠标去控制幻灯片播放的话，用上遥控器会令你的演说效果更上一层楼。它能使你摆脱电脑的束缚，更易于在台上四处走动，与观众进行交流，从而建立与他们沟通的纽带。

设想一下，如果你站在电脑旁低着头点着鼠标控制幻灯片，这和许多年前我们的父辈们使用老式投影仪播放他们钓鱼时的情景又有什么区别呢？我想那种枯燥又麻烦的感觉可不好受！

另外，在讲课时应尽量不要让观众察觉到你使用了遥控器，努力做到你解说和演示的幻灯片画面搭配自然、过渡流畅。

其实，你只要准备一个拥有最基本功能的小型遥控器。当然，你可以选择购买那些功能强大的遥控器，但它们的体积就大了，拿在手里会有些刺眼。我通常使用的遥控器一般只具备了前进、后退和结束这些最基本的功能。

责任编辑:张　毅

图书在版编目(CIP)数据

酒店培训艺术/周志宏著. -北京:旅游教育出版社,2011.10

ISBN 978-7-5637-2230-3

Ⅰ.①酒…　Ⅱ.①周…　Ⅲ.①饭店—商业服务—技术—培训　Ⅳ.①F719.2

中国版本图书馆CIP数据核字(2011)第167543号

酒店培训艺术

周志宏　著

出版单位	旅游教育出版社
地　　址	北京市朝阳区定福庄南里1号
邮　　编	100024
发行电话	(010)65778403 65728372 65767462(传真)
本社网址	www.tepcb.com
E-mail	tepfx@163.com
印刷单位	北京京师印务有限公司
经销单位	新华书店
开　　本	787×960　1/16
印　　张	10
字　　数	130千字
版　　次	2011年10月第1版
印　　次	2011年10月第1次印刷
定　　价	25.00元

(图书如有装订差错请与发行部联系)